I0166952

EL SEXO DE CORRER

EL SEXO DE CORRER

Héctor Sanmiguel Vallelado

© Héctor Sanmiguel, 2014

© Alba Sanmiguel, 2014,
de las ilustraciones y fotografías

© The art of running

http://hectorsanmiguel.wordpress.com

hectorsanmiguelv@gmail.com

ISBN: 978-84-606-8037-6

Depósito Legal: HU-416-2014

Primera edición, 2015

Disponible en e-book

Todos los derechos reservados.
Queda prohibida la reproducción total
o parcial de este libro por cualquier medio
o procedimiento, comprendidas la reprografía,
el tratamiento informático y la fotocopia
sin el permiso expreso de los titulares
del copyright.

....El deporte es una estafa y el entrenamiento una cárcel...
...Y yo, necesito ser libre...

ÍNDICE

"A los que me ayudaron
a conseguir un sueño.
A los que se alegraron,
de mi regreso."

PRÓLOGO

(Por Paula Sánchez Zulueta)

Lo primero que pensé cuando me ofrecieron realizar esta tarea fué la responsabilidad que ésto suponía, pero la verdad es que no lo dude. También creí que me costaría, pero me sorprendí al ver lo rápido que mi mano cogió un bolígrafo y la velocidad a la que éste se deslizaba sobre el papel.

Para empezar a comprender cada una de las aventuras, lugares, situaciones, personas, sensaciones y sentimientos que se describen en este libro, me ví con la obligación de presentaros al creador de todas y cada una de las palabras que nos permitirán imaginar, soñar, reír, reflexionar, interiorizar y hasta enamorarnos.

El artífice de ello es un chico de cuerpo esbelto, estilizado y algo afeminado, de piernas largas, delgadas y muy fibrosas que le permiten recorrer largas distancias, tez blanca generalmente tostada por el sol y unos ojos brillantes de un color azul intenso.

Dicen que los ojos son el reflejo del alma. La suya es voraz, insaciable, salvaje y muy tranquila. Su mente libre, inquieta y tan veloz como sus piernas, y su corazón tan grande como sus queridas montañas.

El medio que le intuyó nacer, que le vió crecer y que ahora guía cada uno de sus pasos. Pisadas que acarician sus laderas, aristas y cumbres. Cada una de ellas diferentes, con una historia que contar y con su propia personalidad. Misteriosas, atractivas, altivas, caprichosas, descaradas y terriblemente bellas. Algunas, muy pocas, vírgenes, puras y tentadoras.

Él no podría vivir sin ellas y ellas se acostumbraron a su fugaz y silenciosa presencia. Él las dibujó y las escribió historias, algunas se encuentran recogidas en este libro, y ellas, le permitieron ver el mundo desde otra perspectiva.

Espero que esto os ayude a entender mejor de dónde surgen éstas poesías que os harán viajar a lugares recónditos; montañas lejanas a la par que familiares. Al hacerlo podréis toparos con todo tipo de personas y estilos de vida que os harán imaginar, y con los que conseguiréis soñar, tal y como pude hacer yo.

Por ello, os invito, queridos lectores, a dejaros llevar por el poder de sus palabras.

Santander, Noviembre 2014

16

PREMONICIONES

DONDE MUEREN LAS MONTAÑAS

"Lo mejor que la Naturaleza ha dado al hombre, es la brevedad de su vida" Plinio el Viejo

ES LA MAGIA DE ESE MURMULLO INCONTROLABLE...

ES LA MAGIA DE ESE SONIDO CAÓTICO E INTERMINABLE...

LAS OLAS SE SUCEDEN A UN RITMO CONTÍNUO,

NO IMPORTA SI UNA ES MÁS

O MENOS ALTA QUE LA SIGUIENTE,

O SI LLEVA MÁS ESPUMA QUE LA ANTERIOR;

SE SUCEDEN A UN INTERVALO PRECISO,

MATEMÁTICO,

CASI CONTROLADO...

PARA MÍ LAS MONTAÑAS CÁNTABRAS

SIEMPRE ME HAN SIDO AMABLES Y AGRADECIDAS,

BOSQUES OSCUROS,

SENDEROS RESBALADIZOS

Y CIMAS VERDES.

SIMPLEMENTE ME GUSTAN.

Y ME GUSTA EL MAR,

LAS OLAS,

LA ARENA DE LA ORILLA

Y LAS AFILADAS ROCAS DONDE SALTA EL AGUA

Y LA ESPUMA CON RABIA.

Y ME GUSTA CORRER DESCALZO POR LA HIERBA

Y POR LA ORILLA DURANTE HORAS,

EL VIENTO DE SAL DE LA COSTA

Y LAS ENREDADERAS DE LAS CARAS.

EL SONIDO ES HIPNÓTICO,

EL AGUA FLUYE HACIA LA TIERRA

Y VUELVE HACIA EL MAR...

INTERMINABLEMENTE,

DESDE EL PRIMER DÍA

QUE EL MUNDO ES MUNDO

Y HASTA LA ÚLTIMA LUZ DEL DÍA

QUE DEJE DE SERLO.

LA FINA CAPA DE AGUA Y ESPUMA

QUE CONSIGUE DESLIZARSE MÁS ALLÁ,

DE LAS PRIMERAS ARENAS DE LA PLAYA

TOCA UNOS PIES DESCALZOS,

DUROS Y ENTUMECIDOS

POR EL FRÍO DE LA ARENA,

OSCURECIDA CUANDO LE TOCA EL AGUA SALADA.

LOS PIES CONTINÚAN SU PARTICULAR RITMO

CADENCIOSO E INTERMINABLE,

JUNTO AL SONIDO RÍTMICO DE LAS OLAS DEL MAR,

DOS SONIDOS,

DOS CADENCIAS;

DOS MELODÍAS ENCONTRADAS

Y FORMANDO UN SOLO RITMO,

ACOMPASADO E INTERMITENTE.

LAS HUELLAS EN LA ARENA

NO SON LAS DE LA NIEVE,

LA ARENA ES MÁS CAMBIANTE,

MÁS FLUIDA Y DELICADA.

LOS PASOS SON VACÍOS

EN CUALQUIER MANERA,

INSIGNIFICANTES E INSERVIBLES,

MOMENTÁNEOS..

PERO EN LA ARENA,

LAS HUELLAS MOLESTAN AL MAR

Y ÉSTE LANZA UNA FINA CAPA DE AGUA

QUE SE DESLIZA,

SUAVEMENTE POR LOS CONTORNOS

QUE LOS DEDOS Y LA PLANTA,

HAN MARCADO EN LA ORILLA,

HACIENDO QUE CUANDO LA FUERZA DE LA OLA

LLEGA A SU FIN

Y DONDE COMIENZA SU RETORNO,

LAS HUELLAS YA NO EXISTAN,

SEAN SÓLO PASADO.

LOS PASOS VALEN SÓLO,

MIENTRAS TENEMOS EL CONTACTO

DESPUÉS SE ESFUMAN,

FORMAN PARTE DEL MUNDO QUE YA FUÉ,

PERO MIENTRAS MIRAS ATRÁS,

SIGUEN EN MOVIMIENTO,

CREANDO MÁS Y MÁS PASOS INFINITOS,

HACIA EL HORIZONTE,

HACIA LO DESCONOCIDO,

HACIA LA VIDA.

NO SON LOS PASOS QUE YA SE HAN BORRADO,

SON LOS PASOS QUE SE BORRARÁN...

VIENTO DE NIEVE

MONTAÑAS DE OLAS..

DE OLAS BLANCAS...

OLAS CON CRESTAS DE ESPUMA

Y CUERPO DE AIRE Y CRISTALES.

NIEVES CAMBIANTES Y VIENTO DE AGUA.

MOLESTANDO A LAS PENDIENTES

DONDE SÓLO VIVEN LAS PIEDRAS.

MONTAÑAS BLANCAS

Y VALLES VERDES DE AGUA

Y OSCUROS DE VIDA APAGADA,

DE CASAS DORMIDAS

Y DEL TIEMPO DETENIDO

ENTRE LOS SOLES Y LAS LUNAS.

CURVAS INFINITAS BAJO EL SOL,

ESPERANDO LA NIEBLA Y EL GRANIZO,

EN CIMAS ESCONDIDAS,

DONDE NO SE DIBUJAN LOS MAPAS,

CONFÍNES DE FRONTERAS INVISIBLES

E IMPUESTOS INSERVIBLES.

CURVAS INFINITAS

DESDE LAS CIMAS A LOS VALLES...

OLAS INCLINADAS SOBRE CORNISAS

Y OLAS ENTRE ROCAS QUE MIRAN

A LA PROFUNDIDAD DEL BOSQUE.

OLAS CADA DÍA.

¡AGUA EN SU ESTADO MÁS LIBRE!

¡OLAS DE MONTAÑAS!

ES TODO SOBRE LA NIEVE...

ES TODO SOBR EL AIRE FUERTE QUE NOS ZARANDEA.

TODO SOBRE EL MATERIAL QUE CRUJE QUEJOSO

CUANDO CARGAMOS NUESTRO PESO ENTRE ÉL,

Y EL MANTO BLANCO.

TODO GIRA, AUNQUE PARECE ESTAR QUIETO.

¿NOS MOVEMOS NOSOTROS O SE MUEVE EL MUNDO?

LOS PIES GIRAN A UN LADO Y AL OTRO,

SÓLOS,

CARGANDO CON ALGO MUERTO SOBRE ELLOS

QUE SE DEJA ARRASTRAR PENDIENTE ABAJO.

VIENTO DE NIEVE... NIEVE DE VIENTO...

LOS DÍAS SE SUCEDEN SIN DETENERSE,
SIN QUE LA NECESIDAD INTERVENGA,
COMO UN SÓLO DÍA MUY LARGO
A VECES MÁS OSCURO,
A VECES MÁS CLARO.
NADA CAMBIA MUCHO
DE UNA LUZ A LA SIGUIENTE
Y ME RIJO POR LA DUREZA DE LA NIEVE,
LAS NUBES MÁS O MENOS ALTAS
Y EL CANSANCIO ACUMULÁNDOSE EN LAS PIERNAS.

MONTAÑAS DE AQUÍ Y DE ALLÁ,
NÓMADA DE MONTAÑAS,
NÓMADA DE LAS NUBES,
LA NIEVE Y EL TIEMPO.
BÚSQUEDA INFINITA
ENTRE LAS PAREDES HELADAS
Y LAS CIMAS NEVADAS.
COTAS DE DOSMIL Y TRESMIL METROS,
MUCHAS CONOCIDAS,
OTRAS SIN CONOCERNOS..

26

ROCAS SOLEADAS TÍMIDAMENTE

CON LA LUZ DEL MEDIODÍA.

CORRIENDO HACIA ARRIBA,

CON LOS PIES HÚMEDOS Y FRÍOS

QUE BAILAN SOBRE LA NIEVE FRESCA.

DÍAS GRANDES, DÍAS CORTOS...

CON O SIN PIOLETS,

SÓLO O ACOMPAÑADO.

NO SON TAN DIFERENTES LAS MONTAÑAS DE AQUÍ Y LAS DE ALLÍ...

SEMANAS PARA LLENARME DEL COLOR DEL INVIERNO...

DE LOS PICOS DE EUROPA AL PIRINEO.

RAÍCES

CORRO CON UNA LIBRETA PEGADA AL CULO.

LA LLEVO DENTRO DE UN PEQUEÑO BOLSILLO CASERO

COSIDO EN LA PARTE TRASERA DEL PANTALÓN,

DEL QUE SOBRESALE LA MITAD.

TAMBIÉN LLEVO UN BOLIGRAFO.

CURIOSAMENTE HAN LOGRADO ENTRAR LOS DOS

AHORA HÚMEDOS POR EL SUDOR,

QUE ME RESBALA POR LA ESPALDA.

ME ENGAÑO PENSANDO

QUE LAS HOJAS AGUANTARÁN SECAS,

 AL MENOS UN RATO.

NO HAY NADA COMO OLER UN PAR DE TONELADAS

DE MIERDA HUMANA

PARA ELEVAR LOS PENSAMIENTOS.

PASO LO SUFICIENTEMENTE LEJOS DE LOS BLOQUES DE BASURA,

APILADOS EN ESTA ESPECIE DE VERTEDERO ILEGAL,

CON MÁS PINTA DE TAPADERA

DE NARCOTRAFICANTES,

DEPÓSITO DE CADÁVERES

O MÍTICO BAR ESPAÑOL,

COMO PARA NO DEGUSTAR LOS DETALLES

CASI ARTÍSTICOS,

QUE ENTRAÑA CADA CUBO,

SORPRENDENTEMENTE,

SIN SENTIR UN ASCO ESPECIAL.

UNA SEÑORA SE TAPA LA CABEZA CON LAS MANOS

DEBAJO DE UN ÁRBOL

QUE NO PARA DE CHORREAR AGUA,

REALIZANDO LA FUNCIÓN CONTRARIA

A LA QUE SE SUPONE, ELLA ESPERABA.

PERO AÚN CON EL PELO MÁS PARECIDO A UNA FREGONA,

HA DECIDIDO MANTENERSE FIRME EN SUS CONVICCIONES

Y SEGUIR CUBRIÉNDOSE CON LAS MANOS EN ALTO.

ME PREGUNTO QUIÉN PARECE MÁS ESTÚPIDO,

SI ELLA AHÍ DEBAJO O YO,

CORRIENDO BAJO LA LLUVIA Y CON GAFAS DE SOL.

LLEGO AL PORTAL

DONDE UN OCTOGENARIO VECINO

ME MIRA COMO A UN PROSCRITO,

MIENTRAS ROBA LAS CARTAS DE LOS BUZONES.

LA MESA DE MI MINÚSCULA HABITACIÓN

SE HA CONVERTIDO EN UN ACUARIO,

DONDE FLOTAN UN PAR DE LIBROS,

EL MÓVIL Y EL ORDENADOR.

NO ME APETECE LIMPIARLO

Y DECIDO ESPERAR A COMPRAR UN CRISTAL

Y TENER UNA BONITA PECERA.

ME DUCHO PLÁCIDAMENTE A TROZOS

YA QUE HAY QUE SALIR A ENCENDER LA CALDERA,

CADA TRES MINUTOS.

EN VERDAD,

DESARROLLO LA VERSIÓN ADAPTADA DE LAS SAUNAS,

SÓLO FALTA LA NIEVE,

PERO LOS CAMELLOS DE MI PUEBLO

AÚN ESTÁN TOMANDO EL SOL EN EL PARQUE.

ME SIENTO A COMER UNA NECTARINA AÚN VERDE,

CON MIS TÍPICOS HUESOS SONANDO A ANCIANO

Y DESPUÉS DE UN PAR DE MORDISCOS

REACCIONO ÁVIDO

AL VER QUE DENTRO

VIVEN UN PAR DE CORTAPICHAS.

LES DEVUELVO DE OTRO MORDISCO

LA PARTE DE SU CASA QUE ESTABA MASTICANDO

Y DEPOSITO LA NECTARINA

CON SUMA DELICADEZA

SOBRE LA ROPA TENDIDA DEL VECINO.

LA VIDA PUEDE SER MARAVILLOSA

SI APRENDES A CERRAR LA VENTANA,

CUANDO LLUEVE.

31

ESCUDILLA LLENA, ESCUDILLA VACÍA.

HOY HE SALIDO A CORRER

DESPUÉS DE COMERME UN HELADO.

NO SUELO DEVORAR DELICIAS HELADAS

PERO EN ESTE CASO HE OPTADO

POR CONVERTIRME EN OSO UN RATO

Y DESTRUIR A MI OPONENTE GOTEANTE.

CURIOSAMENTE DESPUÉS DE ÉSTO

ESTABA CORRIENDO,

NO SE MUY BIEN POR QUÉ,

16:30 PM, 35º.

HORA Y MEDIA MÁS TARDE,

TENGO LA BOCA MÁS SECA QUE UN ALMACÉN.

BUSCO DESESPERADAMENTE UNA FUENTE,

PERO TODAS ESTÁN LLENAS DE NIÑOS PROFANOS E IMBERBES

LLENANDO GLOBOS Y RIENDO,

32

MIENTRAS YO ESTOY UNA VEZ MÁS,

CERCA DE LA MUERTE.

AL FINAL CONSIGO LLEGAR A UNA,

NO CUSTIODADA POR JAURIAS DE INDECENTES,

DISPUESTOS A LINCHARME

Y ESPANTO VIOLENTAMENTE A LOS ALLÍ PRESENTES,

(VEASE CINTA EN EL PELO,

SUDOROSO,

QUEMADO POR EL SOL,

CON UN MÍNIMO ATUENDO

PARA TAPAR LA ZONA PERINEAL

Y SIN CALCETINES).

EL AGUA DE FUENTE ES MARAVILLOSO.

AHORA ME ESTOY COMIENDO UN HELADO,

Y SEGUIRÉ REPITIENDO EL PROCESO

HASTA QUE NO CONSIGA LLEGAR A UNA FUENTE A TIEMPO

(MUY PARECIDO AL CICLO BEBER-MEAR

QUE SE LLEVA A CABO EN GASOLINERAS Y BARES).

TEMO QUE PUEDA HABER ALGUNA CULEBRA

DENTRO DE MI FURGONETA,

Y TENGO QUE DORMIR DENTRO.

MUEVO LAS COSAS DE SITIO MUY RÁPIDO

COMO SABIÉNDO QUE HAGO,

PERO CON LOS PIES PREPARADOS PARA SALIR HUYENDO.

ME LLEVA MÁS DE MEDIA HORA CONVENCERME

DE QUE NO HAY NADA,

PERO POR SI ACASO ME CIERRO EL SACO HASTA EL CUELLO AUNQUE ME DERRITA ESTA NOCHE DENTRO.

ESCRIBO SOBRE PANFLETOS POLÍTICOS

QUE ME DEPARAN ALGUNAS CARCAJADAS

Y OBSERVO

LAS MONTAÑAS CATÁBRICAS AL ATARDECER.

MI ESCUDILLA ESTÁ COMPLETAMENTE LLENA

Y ME SIENTO PUDIENTE.

REBOSA COMIDA POR LOS CUATRO COSTADOS,

AUNQUE LA MAYOR PARTE SEA PASTA DESHIDRATADA

Y HAYA PERDIDO MI HORNILLO,

CON LO QUE DEBO COMÉRMELA SECA.

PUEDE PARECER POCO AGRADABLE

PERO SOY UN VANIDOSO

Y ESPARZO POR ENCIMA EL CONTENIDO

DE LOS SOBRECITOS ADYACENTES

PARA HACERLO PROFUNDAMENTE ATRACTIVO.

VEO LEJANO HOY EL DÍA

EN QUE MI ESCUDILLA COMIENCE A ESCASEAR

Y QUIZÁS TORNE EN SABOTEADOR DE HUERTOS,

CAZADOR FURTIVO DE TURISTAS

O INCLUSO ME ACERQUE A UN SUPERMERCADO,

AUNQUE ACABE CON UN BROTE EPILÉPTICO SERIO.

LA ESCUDILLA REPLETA

EVIDENCIA UNA ESTANCIA PROLONGADA EN LAS MONTAÑAS,

Y CON SUERTE ALGUNAS CIMAS.

EL RESTO DEL TIEMPO LO SERÁN LARGAS HORAS

DE GRANDES LIBROS,

POSICIONES INCÓMODAS

EN EL COLCHÓN DE MI FURGONETA,

TORTÍCOLIS AGRESIVAS

Y DESPERTARES EXTRAÑOS A LAS 6 DE LA MAÑANA

CON SONIDOS EXTRAÑOS

MERODEANDO POR LOS ALREDEDORES

DEL LUGAR DE MI PERNOCTA.

RIJÁMONOS POR LA APOTEÓSICA LEY DE LA ESCUDILLA

Y PREPARÉMONOS PARA LA DIVERSIÓN INFINITA.

CUANDO SALGA EL SOL

"Las montañas no son estadios donde satisfago mi ambición de logros, son las catedrales donde practico mi religión. Yo voy a ellas como las personas van a la oración. Desde sus majestuosas cimas veo mi pasado, sueño el futuro y, con una inusual agudeza, experi-mento el momento presente... Mi visión se aclara, mis fuerzas se renuevan. En las montañas yo celebro la creación. En cada viaje a ellas nazco de nuevo."
Antoli Boukereev

SALE EL SOL Y VUELVE LA VIDA..

NUNCA SE HA IDO,

PERO CUANDO EL TIEMPO ES MALO,

HAY QUE MOJARSE,

HAY QUE PASAR FRÍO..

NO HAY NADIE EN LAS MONTAÑAS.

NADIE SALE

Y NADIE SE ACUERDA DE LO QUE ESO ERA.

MEJOR EL CALOR DE LA CASA,

LA COTIDIANIDAD,

EL ORDENADOR Y UNA BUENA MANTA.

PERO LAS MONTAÑAS SIGUEN AHÍ,

INMÓVILES, SIN PRISA.

AJENAS A LAS ESCARAMUZAS DE AHÍ ABAJO.

AJENAS A LOS PAPELES MOJADOS DE LOS DE AHÍ ARRIBA.

AJENAS A LOS PAÍSES,

LAS CIVILIZACIONES,

LOS PRIMEROS O TERCEROS MUNDOS,

LOS CONFLICTOS,

LAS SUBIDAS,

LAS BAJADAS,

LAS VUELTAS

Y LAS LLEGADAS.

AJENAS A LOS PROBLEMAS Y A LA "FELICIDAD".

ESTÁN PORQUE ESTÁN,

PORQUE SIEMPRE ESTUVIERON,

NUNCA SE FUERON

Y NUNCA VAN A IRSE.

NI QUIEREN HACERLO.

AL MENOS MIENTRAS NOSOTROS LO VEAMOS.

DUCHAS FRÍAS Y CONSTANTES

DE CORRIENTES TRANSPARENTES,

DE SONIDOS A FRÍO Y A DESHIELO PERMANENTE.

FRÍO EN LA PIEL Y CALOR EN EL ALMA,

CON UN SOL QUE A LA VEZ DESTRUYE

Y A LA VEZ HACE QUE NAZCA..

SOLES INFINITOS ENTRE DÍAS DE INVIERNO,

SOLES DEMASIADO LARGOS Y FUERTES

PARA LO QUE SE ESPERA EN ESTE TIEMPO.

SOLES QUE TAMBIÉN HAN ESTADO AHÍ DESDE SIEMPRE,

SIEMPRE ESTARÁN Y SIEMPRE ESTUVIERON

AUNQUE SE OCULTEN TRAS DE NUBES,

DE TORMENTAS,

DE PERSIANAS

O DE PROGRESO EMBUTIDO EN CÁRCELES DE ASFALTO

Y HORMIGÓN DECORADO.

ESTAR CUANDO NO HAY NADIE,

IR PARA ESTAR SÓLO Y ASUMIR MIS RIESGOS,

PARA NO DIVIDIR ESA INCERTIDUMBRE Y ESE MIEDO.

PARA SER AUTOSUFICIENTE.

NO ESPERO QUE SE ME ENTIENDA

Y QUE NO SE GIRE LA CABEZA

CUANDO ME VEN CORRER POR UNA ARISTA EXPUESTA,

CUANDO CORRO EN PANTALÓN CORTO EN INVIERNO

Y A MÁS DE 3000M.

NO ESPERO QUE SE ENTIENDA

QUE SUBA CON ZAPATILLAS DE CORRER

CON UNOS CRAMPONES ADAPTADOS.

QUE NO LLEVE CUERDA..

EN UNAS MONTAÑAS DONDE MUCHOS YA SE FUERON.

HAY QUE ENTENDER EL CONTEXTO DE UNA ACTIVIDAD

Y QUIÉN Y CÓMO SE PRACTICA,

LA EXPERIENCIA…

Y NO SON SÓLO HORAS DE USAR UN PIOLET,

UNOS CRAMPONES O UN ARNÉS,

SON HORAS DE PARARSE Y DARSE LA VUELTA,

HORAS DE IR SÓLO Y VALORAR POR TU CUENTA,

HORAS DE ESCUCHAR LO QUE LA MONTAÑA DICE

Y LO QUE NOS DECIMOS NOSOTROS MISMOS

CUANDO ESTAMOS AHÍ.

HORAS DE CONOCERNOS Y DE CONOCERLAS…

PUNTO DE ENCUENTRO DE AMIGOS DE SIEMPRE

Y AMIGOS DE AHORA..

FUÉ VOLVER Y SALIR EL SOL.

GRANDES CLÁSICOS DE NUESTRAS MONTAÑAS.

SOBRE EL COLOR

COMO SIEMPRE UN PROYECTO NACE DE UNA IDEA,

UNA ILUSIÓN;

YA SEA UN VIAJE,

UNA MONTAÑA,

UNOS COLORES,

O EL MAR...

DESPUÉS DE UN TIEMPO,

Y MUCHAS IDEAS SOBREVOLANDO MI CABEZA,

SURGIÓ ÉSTA COMO LA MÁS FUERTE

Y POCO TIEMPO DESPUÉS MI GRAN AMIGO DANI

NO SE LO PENSÓ NI UN MINUTO PARA VIVIR ÉSTA AVENTURA.

Y AQUÍ CONSEGUIMOS AUNAR TODO...

EL MAR Y EL FUEGO,

EL BOSQUE Y EL VIENTO,

EL DIA Y LA NOCHE,

CANSANCIO Y DESCANSO,

ANSIEDAD Y ALEGRÍA,

TODAS ESAS SENSACIONES EN UNAS POCAS HORAS,

TODAS NOS HACEN ESTAR UN POCO MÁS VIVOS.

QUERÍAMOS VER, CONOCER Y ¡CORRER!

DESPUÉS DE UNA SEMANA EN TENERIFE,

CORRIENDO, DISFRUTANDO Y COGIENDO UNAS OLAS,

LLEGA EL GRAN DÍA Y NOS LEVANTAMOS A LAS 2 AM

PARA PONERNOS EN MARCHA.

NUESTRO AMIGO NICO NOS HACE DE TAXI HASTA LA PLAYA DONDE COMIENZA NUESTRA PARTICULAR AVENTURA.

COMENZAMOS A CORRER GUIADOS ÚNICAMENTE

POR LA PEQUEÑA LUZ DE NUESTROS AGOTADOS FRONTALES,

TRAS HABER TOCADO EL OCÉANO POR ÚLTIMA VEZ,

TRATANDO DE CONSERVAR TODAVÍA EL TACTO DEL MAR EN LA PIEL

UN POCO MÁS DE TIEMPO,

SABIENDO QUE EL SOL QUE NOS ESPERARÍA ARRIBA,

IBA A SER MÁS QUE INTERESANTE.

GANAMOS METROS EN LA NOCHE,

CRUZANDO PUEBLOS OSCUROS

CONSTRUIDOS EN LADERAS CASI INCREÍBLES,

ANDAMOS, CORREMOS

Y COMIENZA ESA SENSACIÓN TAN PARTICULAR,

DE ESTAR ENTRANDO EN ALGO DESCONOCIDO.

42

EMPIEZA EL BOSQUE,

CADA VEZ MAS PROFUNDO,

CON SUS SONIDOS NOCTURNOS TAN Y TAN EXTRAÑOS... HUMEDAD.

TODAS LAS SENDAS PARECEN IGUALES

Y NO HAY UN MINUTO LLANO,

SIEMPRE LA MISMA PENDIENTE

Y SIEMPRE EN EL MISMO SENTIDO.

LOS DOS METROS QUE ALCANZA EL FRONTAL

SON SIEMPRE PARECIDOS

Y NO DISTINGES UNA HORA DE LA SIGUIENTE,

EXCEPTUANDO CUANDO UN PÁJARO

TRATA DE ATACARTE.

Y BENDITA LA FUENTE QUE ENCONTRAMOS...

YA EMPIEZA A ACABARSE EL BOSQUE,

LOS PINOS VAN DESAPARECIENDO

Y ENTRAMOS EN LAS RAMPAS DEL COLLADO DEL CEDRO,

 POR DONDE CRUZAREMOS LAS CAÑADAS.

CADA VEZ HAY MÁS LUZ

AUNQUE YA ES TARDE Y AMANECE DESPACIO.

DESCANSAMOS EN LA PEQUEÑA ERMITA COLGADA

Y COMENZAMOS A CRUZAR LAS CAÑADAS,

CORRIENDO,

MÁS QUE POR REBAJAR TIEMPO,
POR EL FRÍO HELADOR AL COMENZAR LA MAÑANA.
ARENA.

EL CALOR EMPIEZA A HACERSE INCÓMODO
Y EN MONTAÑA BLANCA LAS COSAS NO VAN BIEN,
COMER Y BEBER,
COMO SIEMPRE OCUPA MI MENTE
E INTENTO QUE DANI NO LO DESCUIDE.
EL ASCENSO DESDE MONTAÑA BLANCA
HASTA LA CIMA SE NOS HARÍA LARGO... MUY LARGO.
CALOR.

ES EXTRAÑO CORRER POR ROCA VOLCÁNICA,
PERO A LA VEZ TIENE ALGO DE MÁGICO.
EN EL REFUGIO LAS COSAS NO VAN BIEN
Y TENEMOS QUE PARAR, BEBER, INTENTAR COMER..

Y ALLÍ ESTAMOS,
EN LA CIMA DEL TEIDE,
LAS FUMAROLAS PARECE QUE SE ALEGRAN DE RECIBIRNOS

44

Y NO PARAN DE SOLTAR HUMO…

ALEGRÍA.

ARRIBA,

VIENDO EL MAR AZUL DONDE GIRES LA CABEZA,

TODO EL ESFUERZO,

EL CANSANCIO,

EL SUDOR,

EL SUEÑO,

EL CALOR,

LA ARENA,

EL MAR,

LA NOCHE…

ATLAS

ROJO,

ROJO TIERRA,

ROJO SANGRE

O ROJO DE UN ATARDECER EN EL MAR.

OLOR A TIERRA SECA Y A HUMO,

OLOR A ESPERANZA TRAS MUROS DE BARRO Y PAJA.

SABOR A BIENVENIDA,

SABOR A HIERBA DE TIERRAS SECAS,

SABOR AL PONERSE EL SOR DEL DÍA

TRAS AGUJAS OCRES DE COLOR,

OSCURAS SIN CALOR.

OJOS CUBIERTOS POR COLORES ROJOS,

MANOS TIÑENDO TELAS,

ESPERANZA TRABAJADA CON GRITOS AHOGADOS DE AMOR

Y MIRADAS ESCONDIDAS AÚN MÁS BELLAS.

LETRAS BAJO ROCAS SOLEADAS

PERO OSCURAS DE ALMA,

LECHOS QUE SACUDEN EL CANSANCIO

Y VOMITAN NARCISISMO,

AL TIEMPO QUE LA LUNA CALMA,

LLANTOS PALPITAN EN MUDAS BOCANADAS,

ILUSIONES CON YA SONIDO A VIEJO

Y AVENTURAS CADA VEZ MENOS AVENTURADAS.

CIMAS AFILADAS DESCANSAN TRANQUILAS E IMPASIBLES,

TRAS AQUELLAS QUE CASI DOLIENTES ESPERAN LA MUERTE,

AÚN ATORMENTADAS.

ROCAS ALTAS SIN NÚMERO PERO SIN EGO TÍMIDO.

NIEVES QUE AGUARDAN A QUE SE CAMINE VIVO SOBRE BLANCO,

A QUE TE DOMINE,

DEJANDO QUE LAS PIEDRAS MANDEN

DONDE LAS PIEDRAS NACEN,

Y NO LA VIDA CORTA Y COHIBIDA,

LUCHANDO POR UN ESPACIO QUE NO SE ABLANDA,

BAJO EL PESO DE UNA HUMANIDAD QUE SE DESHACE.

LUNAS DE NIEVE

NIEVE EN ALGUNAS,

TACTO FRÍO Y HÚMEDO EN LAS MANOS,

ROSTROS ROTOS,

ROSTROS ROJOS,

CONFIANZA Y MIEDO EN AMBOS LADOS.

Y AL FIN AIRE CALIENTE,

RUIDOS,

COCHES,

HUMOS Y GENTE,

CAMBIO,

TIEMPO,

HORAS DE BAILE EN UN CIRCO VIVIENTE,

LUCES,

NOCHE

Y NINGÚN COLOR AUSENTE.

OTOÑO

UNA BANDERA CLARA

HONDEA SUAVEMENTE EL FINO VIENTO CÁLIDO,

COLGADA A MÁS DE 2000 METROS DEL FONDO DEL VALLE. UN MÁSTIL DE MADERA,

YA VIEJO,

SOSTIENE SU CUERPO RASGADO,

TRATADO POR LOS DUROS INVIERNOS

Y LOS METROS DE NIEVE Y HIELO,

POR EL SOL CEGADOR Y EL CALOR ASFIXIANTE.

PERO ELLA HONDEA SOLA,

HONDEA LIBRE,

MECIDA POR LAS BRISAS SE DEJA LLEVAR,

EN CIERTO MODO ESCLAVA

DEL AIRE PIRENAICO DEL OTOÑO.

SÓLO LOS PÁJAROS SE ATREVEN A MIRARLA

DESDE SU MISMA ALTURA,

EL RESTO DEBEMOS TRATAR DE OBSERVARLA DESDE ABAJO,

CON EL CUELLO APUNTANDO MUY ALTO

Y LOS PIES AÚN EN EL FONDO.

LOS BOTES DE NOCILLA

SE ACUMULAN EN LA ESQUINA

DE NUESTRO PEQUEÑO SALÓN,

UNO SUCEDE AL SIGUIENTE

Y CREO QUE SUEÑAN CON LLEGAR A ROZAR

ALGÚN DÍA EL TECHO.

DEBO DE ESTAR COMPUESTO POR ESTA SUSTANCIA

CASI MÁGICA Y MALDITA

AL MISMO TIEMPO,

CON UN CASTILLO DE ENVASES EN SÓLO UN MES Y MEDIO
ENSUCIANDO ESTE, ANTAÑO PRECIOSO SALÓN.

INTENTO QUE ESA ENERGÍA ME ACOMPAÑE

DURANTE MIS INCURSIONES POR EL PIRINEO,

CON UNA PIERNA RECIÉN ESTRENADA,

TRAS UN MES SIN REALIZAR MI ACTIVIDAD BÁSICA Y VITAL, Y CON
GANAS DE SALUDAR

NUEVAMENTE A ESTAS PRECIOSAS CIMAS.

LUCES AGUDAS

ESTALLAN CON FUERZA FRÍAS,

CONTRA EL CORDAL QUE OBSERVAMOS.

LA ARISTA QUE VIVE DETRÁS NUESTRO MIRA

IMPETÉRRITA Y CASI DOLIENTE

EL OSCURO DESVANECIMIENTO DEL SOL

Y CÓMO NOSOTROS,

INSIGNIFICANTEMENTE

NOS SUMIMOS EN LA OSCURIDAD DEL HORIZONTE.

SOLES CALUROSOS Y LUNAS FRÍAS

ACOMPAÑAN NUESTRAS MIRADAS ELEVADAS

QUE AHOGAN LA MELANCOLÍA

EN FORMAS QUE RASPAN EL CIELO,

COMO RASGANDO EL TEJIDO DE LOS SUEÑOS.

SUBO RÁPIDO,

CON LA VISTA FIJA EN UN TROZO TEJIDO DE BLANCO

SOBRE UNA GRAN ROCA. ELLA SE RÍE DE MÍ,

VIVIENDO TAN ALTA Y TAN LIGADA A LAS ESPERANZAS;

YO TAN MINÚSCULO PARA VIVIR CON ELLA,

ME CONFORMO CON LLEGAR A TOCARLA,

AUNQUE SEA SÓLO UN INSTANTE,

UNA VEZ, QUE ME DEJE VOLVER ABAJO,

A ROZAR EL SUELO Y EL TEMIDO ASFALTO,

MI SACO CALIENTE, MI PAPEL

CON UNAS LÍNEAS ESCRITAS TÍMIDAS LA NOCHE PASADA

Y MIS PIES DESCALZOS SOBRE LA HIERBA HÚMEDA.

ARISTAS AFILADAS DEFIENDEN SU ESTRECHA CIMA,

COMO SI A QUISIERA SER UN GRAN CASTILLO.

51

MIS ZAPATILLAS MUERDEN LA ROCA,

RESBALAN Y SUENAN

CUANDO CONSIGUEN FIJARSE EN UNA LAJA.

LAS PIEDRAS CAEN SONORAS Y SOLITARIAS

HACIA AMBOS ABISMOS,

MI CORAZÓN PALPITA FUERTE

Y MI BOCA EXALA LA TENSIÓN EN UN SOLO SUSPIRO.

CORRO EN LA DIVISORIA

ENTRE LA ESPERANZA Y LA MUERTE,

CORRO POR ENCIMA DE LAS NUBES Y LOS HECHOS,

ÁGIL,

VOLANDO ENTRE EL VIENTO COMO UN PÁJARO,

VIVIENDO EL EL TERRENO DE LOS SUEÑOS,

EN EL LUGAR DE LAS CIMAS,

EN LA IMAGINACIÓN DE UN NIÑO.

ME AFERRO A UNO Y OTRO SALIENTE,

SALTO UNA PLACA Y RESBALO

Y UNA PEDRERA,

PIENSO EN ESTAR POR ENCIMA DEL PROPIO CORRER

Y MÁS

EN LA IDEA DE FLOTAR POR LAS MONTAÑAS

EN CADA ZANCADA.

UN CIERVO ME ESTORNUDA MIENTRAS TREPO

O ESO INTENTO

POR UNA CANAL PEDREGOSA

QUE TRATA DE LANZARME AL AVERNO.

NOS MIRAMOS ASOMBRADOS,

YO

POR ACABAR DE DESCUBRIR QUE ÉL SABE ESTORNUDAR

Y ÉL

POR SABER QUÉ HAGO YO

SUBIENDO A ESA CIMA,

SÓLO,

SEMIDESNUDO

Y A LA HORA DE COMER,

SI HOY ES DÍA LABORABLE.

EN EL FILO

A VECES EL RIESGO QUE ASUMES ES DISTINTO.

POR UNA PARTE SIEMPRE ESTÁ EL RIESGO OBJETIVO,

AVALANCHAS,

CAIDA DE ROCAS,

CORNISAS,

VIENTO

O SIMPLEMENTE LA PROPIA GRAVEDAD QUE TE ARRASTRA

HASTA EL FONDO DEL VALLE A CADA SEGUNDO.

LUCHAMOS POR SEPARARNOS,

POR ALEJARNOS DE ESA GRAVEDAD QUE NOS QUIERE PARA ELLA,

PERO HUIMOS UNA Y OTRA VEZ

POR PAREDES CADA VEZ MÁS VERTICALES,

CIMAS MÁS ALTAS

Y ARISTAS QUE APUNTAN MÁS AL CIELO.

EL RIESGO SUBJETIVO ES MUCHO MÁS COMPLICADO,

COMO MILLONES DE PERSONAS DISTINTAS,

CON DISTINTOS NOMBRES Y DISTINTAS VIDAS,

NUESTRO RIESGO ASUMIBLE ES ESO...

PERSONAL E INTRASFERIBLE.

CUANTO MÁS CONOZCAS UN MEDIO

TENDRÁS MÁS CARTAS EN LA MANO,

MÁS SALIDAS, MÁS OPCIONES,

CON LO QUE TU PERCEPCIÓN DE UNA MISMA SITUACIÓN,

DIFIERE.

EL ESTILO ES LA BASE DEL ALPINISMO,

NO EXISTE UN QUÉ SIN UN CÓMO,

Y ES ESE CÓMO

LA ESENCIA DE LA ACTIVIDAD.

PESONALMENTE EL ESTILO QUE PERSIGO EN LAS MONTAÑAS ES UN

ESTILO MUY LIGERO,

MUY RÁPIDO,

PASAR COMO SI NO HUBIERAS PASADO,

SIN DEJAN HUELLA,

YA SEA INVIERNO O VERANO,

MI IDEAL DE CORRER UNA MONTAÑA TÉCNICA

RÁPIDO, EN UN SOLO INTENTO,

UNA OPOTUNIDAD,

NO ERRORES,

NO PENSAMIENTOS,

NO MARCHA ATRÁS.

ES ESTE ESTILO EL QUE ME LLENA

Y ME PERMITE DISFRUTAR CADA MONTAÑA

DE UNA MANERA COMPLETA,

PURA,

ES ASÍ COMO DESEO HACER LAS MONTAÑAS DE CERCA

Y DE LEJOS,

MONTAÑAS PEQUEÑAS Y REDONDEADAS

O ALTAS Y TÉCNICAS.

MI PERCEPCIÓN DEL RIESGO EN ESTE ESTILO

ES EXTRAÑAMENTE ATÍPICA,

CURIOSAMENTE ES EL MOVIMIENTO CONTÍNUO Y RÁPIDO

EL QUE ECLIPSA MI SENSACIÓN DEL RIESGO,

EL NO PARASE,

EL NO ESTAR DUBITATIVO,

SIMPLEMENTE MOVERSE,

ES LO QUE COLMA MIS PENSAMIENTOS

Y NO HAY ESPACIO PARA NADA MÁS.

ESTOY SUBIENDO EL PICO DEL LOBO,

MI PICO FAMILIAR, HE ASCENDIDO MÁS DE 25 VECES

POR PRÁCTICAMENTE TODAS SUS RUTAS POSIBLES.

SON NAVIDADES,

LA CARA NORTE ESTÁ FRÍA Y EN PERFECTAS CONDICIONES

PARA ESCALAR LOS MÚLTIPLES CORREDORES

QUE SE FORMAN ENCARADOS A LAS LLANURAS,

UNA CARA BLANCA, IMPOLUTA,

COMO UNA ISLA EN MEDIO DE PLANICIES.

ENTRO EN UNO DE ELLOS,

UNO DE LOS POCOS POR LOS QUE NUNCA HE SUBIDO,

PIENSO QUE ES FÁCIL

Y SIN GANAS DE PASAR MIEDO

ASCIENDO RÁPIDAMENTE POR LA CASCADA DE HIELO

QUE DA INICIO AL CORREDOR.

VOY CON DOS PIOLETS TÉCNICOS

Y ZAPATILLAS CON CRAMPONES ADAPTADOS,

QUE SE ME DESCOLOCAN DE VEZ EN CUANDO,

ASIQUE PROCURO ESTAR ATENTO

Y REZAR PORQUE NO SE ME SALTE UNO EN MEDIO DE LA CANAL.

COMIENZO A MOVERME RÁPIDO

CUANDO ME ENCUENTRO UN RESALTE DIFICIL,

YA EN LA PARTE SUPERIOR,

NO VEO UNA SALIDA EVIDENTE

Y DECIDO ESCALAR LO QUE SE QUE NO VOY A PODER DESCENDER,

SÓLO UNA OPCIÓN:

SUBO.

PERO NO ESTÁ LA SALIDA QUE ESPERABA ENCONTRAR,

TRAS EL RESALTE, UNA CANAL QUE GIRA Y SE RETUERCE

HACIA EL VACÍO, INCLINÁNDOSE

PARA HECHARME DE LA MONTAÑA,

AQUI NO PUEDE HABER ERRORES,

UN FALLO Y MÁS DE 150M DE CAIDA

HASTA UN POCO MULLIDO SUELO.

ME PARO,

BUSCO QUE HACER,

NO LO TENGO CLARO,

NO PUEDO SUBIR

PERO TAMPOCO BAJAR POR DONDE HE SUBIDO

YA QUE NO TENGO CUERDA NI MATERIAL PARA RAPELAR.

LA ADRENALINA ME RECORRE LAS VENAS

Y CADA VEZ ESTOY MÁS NERVIOSO,

INTENTO TRANQUILIZARME,

TENGO QUE HACERLO,

SI ME PRECIPITO A HACER ALGO POR MIEDO,

ES MUY PROBABLE QUE NO SALGA BIEN.

ME SIENTO EN UNA PEQUEÑA PIEDRA

COLGADA EN MEDIO DE LA PARED

Y CIERRO LOS OJOS,

ME TRANQUILIZO,

PIENSO EN EL CALOR DE CASA

Y VUELVO A MIRAR MI PRÓXIMO DESTINO.

UNA ESPECIE DE VIRA COLGADA

ESPERARÉ QUE PUEDA SALIR POR ARRIBA,

AUNQUE NO LLEGO A VER NADA;

SI NO VA A NINGÚN SITIO

ESTARÉ METIDO EN UN CALLEJÓN SIN SALIDA.

VOY A ELLO,

ESCALO HASTA LA VIRA

Y VOY REALIZANDO LA TRAVESÍA

CUIDADOSAMENTE AGARRÁNDOME A LA ROCA

Y CLAVANDO LOS PIOLETS CON TODA MI FUERZA EN LA NIEVE.

LA VIRA GIRA SOBRE UN ESPOLÓN ROCOSO,

ESPERO QUE AL OTRO LADO HAYA ALGO,

PIENSO COMPULSIVAMENTE.

ME AGARRO AL ESPOLÓN

Y SACO LA CABEZA POR EL OTRO LADO...

Y SI, HAY UNA CHIMENEA QUE TERMINA EN LA CUMBRE,

SE PUEDE SUBIR AUNQUE ES DIFÍCIL.

ESCALO A TODA VELOCIDAD,

QUIERO SALIR DE ALLI.

ESCALO, ESCALO, ESCALO,

SÓLO SUBO SIN PENSAR EN LA CAÍDA,

CON LOS OJOS FIJOS EN LA SALIDA,

CADA VEZ MÁS CERCA.

Y POR FIN,

EL SOL,

SALE JUSTO AL OTRO LADO DE LA ARISTA

DONDE TERMINA LA CHIMENEA.

SUBO, ME PONGO DE PIE SOBRE LA NIEVE

Y DOY UN GRAN GRITO DE ALIVIO Y FELICIDAD,

HOY HA SIDO UNO DE ESOS DÍAS DIFICILES...

DULCE NAVIDAD

UNA PALA VIGILA LA PUERTA,

SU PIEL ES NARANJA,

NARANJA COMO UNA MANDARINA,

NARANJA COMO UN SIMPSON RARO.

UNA PALA VIGILA MIS TRONCOS,

TRONCOS QUE SERÁN FUEGOS

O FUEGOS QUE FUERON TRONCOS,

HUELEN Y SABEN A LÍQUEN,

SON SIMPÁTICOS Y SE RÍEN MUCHO DE NOSOTROS.

SOY YO QUIÉN DECIDE CUANDO NIEVA Y CUANDO NO.

SÍ, SOY ESE CABRÓN,

AL QUE ALGUNOS ODIAIS Y OTROS ROGÁIS.

AHORA ME RÍO.

LA SUERTE DE TENER UNAS ZAPATILLAS CON AGUJEROS

ES QUE LA NIEVE Y LOS RIACHUELOS,

ENTRAN Y SALEN AL MISMO TIEMPO.

ACEPTÉ EL JUEGO

Y COMPRÉ ZAPATILLAS ROTAS,

MI BOCA RÍE A CADA ZANCADA.

ESTOY ENAMORADO LO CONFIESO,

ME HE ENAMORADO DE MI PARRILLA,

DE SUS FINAL VENAS OXIDADAS DE LLAMAS.

DE SUS FORMAS CUADRICULADAS,

DE SU ROÑA DE RISAS DE AMIGOS,

DE SU MANGO AÚN PLATEADO.

ODIO,

TAMBIÉN ODIO DE VEZ EN CUANDO,

ODIO AL ENCHUFE QUE VIVE JUNTO A MIS AMADOS TRONCOS

CREYÉNDOSE FUNCIONAL Y PODEROSO,

CUMPLIENDO UNA CONDENA ETERNA DE DESUSO,

OLVIDO Y LAMENTO.

MI VENTANA AMANECE ALGUNAS MEDIODÍAS BLANCA,

APRIETO FUENTE MIS TRONCOS Y MI PALA,

CREYENDO ATRAER LAS NUBES CON MANTOS BLANCOS

QUE SURCAR CORRIENDO,

EN LA DELICADA Y MÁGICA LÍNEA

ENTRE EL VÓMITO Y LA SONRISA.

CREYENDO SIN SERLO,

SER SIN CREERLO,

RESIGNO MIS ASPIRACIONES DIVINAS

Y RECOJO MIS ZAPATILLAS AGUJEREADAS,

UNA VEZ MÁS DEL SUELO.

POESÍA ES SURREALISMO

EL NOMADISMO ES UN ARTE EN PELIGRO DE EXTINCIÓN.

LAS REDES SOCIALES TIENDEN A ABLANDAR NUESTRO INTELECTO.

LAS LLAMAS TIENDEN A ENFRIAR LA PIEL CUANDO ÉSTA ARDE.

LOS PECES TRATAN DE ESCAPAR DE LA SARTÉN.

LAS CARAS SIEMPRE ESTUVIERON.

LA VIDA NUNCA HA SIDO VIVIDA.

LAS CAMAS DE LAS FURGONETAS SON SIEMPRE MAL VISTAS.

LOS RICOS TAMBIÉN TIENEN PROBLEMAS.

LAS VIOLACIONES SON CAUSA DE LAS VIOLADAS.

LA TIERRA ESTÁ MUERTA.

LO MÁS PODRIDO DE ESTE MUNDO, SON LOS CORAZONES.

LOS NIÑOS CHINOS SON GORDOS.

LOS ADOLESCENTES ESTÁN PROFUNDAMENTE LOCOS.

GINEBRA ES UNA CIUDAD DE PROSTITUCIÓN.

MI PALA ESTÁ CADA VEZ MÁS AFILADA.

CADA VEZ HAY MÁS SANGRE.

URBIÓN

"YO QUIERO SUBIR ALLÍ",

ASÍ DE SIMPLE Y ASÍ DE ESPECIAL.

LOS NÚMEROS NO VALEN NADA,

SOLO LAS SENSACIONES,

SON LAS QUE TE HACER VOLAR

Y CORRER MÁS ARRIBA,

MÁS ALLÁ.

LOS DÍAS DEL VERANO PARECEN MÁS Y MÁS CORTOS,

CUANDO APENAS COMIENZAS A SENTIR LOS RAYOS DEL SOL EN LA

                                                              [CARA

Y TE QUIERES DAR CUENTA,

EMPIEZAN LAS NOCHES FRÍAS,

LAS LLUVIAS

Y LAS HOJAS CAÍDAS.

ESTAS SON MIS MONTAÑAS,

SIN DUDA, ÉSTA ES MI CASA.

EN NINGÚN SITIO DEL MUNDO ME SIENTO TAN NATURAL,

TAN CÓMODO.

CONOZCO CASI TODAS LAS CIMAS Y LOS SENDEROS,

LOS COLLADOS,

EL BOSQUE Y EL VIENTO.

HE APRENDIDO A CONOCER ESTAS MONTAÑAS DESDE PEQUEÑO,

Y A AMARLAS CON EL TIEMPO.

CASI SIEMPRE EN LA VIDA,

NO NOS DAMOS CUENTA QUE LO QUE BUSCAMOS

NO ESTÁ TAN LEJOS DE NOSOTROS COMO CREEMOS,

SÓLO HAY QUE ABRIR LOS OJOS Y APRECIARLO.

AQUÍ TODO ES ESPECIAL.

HAY CIMAS REDONDEADAS POR EL TIEMPO,

ROCOSAS,

AFILADAS CON LAS VETAS DE ROCA MIRANDO AL CIELO,

CIRCOS GLACIARES Y LAGUNAS OSCURAS

CUENTOS E HISTORIAS,

MONTAÑAS DE CANCIONES,

DE POEMAS Y PASIONES.

MONTAÑAS MODESTAS PERO BRUSCAS,

DESCONOCIDAS,

FRÍAS, OSCURAS Y OCULTAS POR LA NIEBLA,

PERO TAMBIÉN CALUROSAS,

DE LOS CIELOS RASOS Y AZULES DE CASTILLA.

PERO SIN DUDA,

ÉSTAS SON MONTAÑAS DE BOSQUES,

DE PINOS,

HAYEDOS Y SABINAS,

DE GRANITO, CONGLOMERADO Y CALIZA,

DE ROCAS NEGRAS Y AGUAS AZULES,

DE REBAÑOS,

VACAS Y CABALLOS,

DE ÁRBOLES.

DE MANANTIALES FRESCOS EN VERANO

Y DE FUENTES ESCONDIDAS,

DE SENDEROS ESTRECHOS Y ANCHAS PISTAS POLVORIENTAS,

DE ARISTAS,

DE PAREDES, DE PRADOS DE HIERBA.

MONTAÑAS ESPECIALES,

MONTAÑAS SINGULARES,

MONTAÑAS DE COLORES.

QUERÍA UNIR TODAS AQUELLAS CIMAS

QUE ME HAN APASIONADO TANTO DÍA TRAS DÍA,

EN UNO SÓLO.

PODER CORONAR TODAS ESAS CRUCES,

BUZONES, ROCAS, POSTES.

66

Y SENTIR TODAS LAS EMOCIONES AL CORONAR UN PICO,

SEGUIDAS, EN UN DÍA, EN UNAS HORAS.

SI BIEN, NO DISFRUTARÍA DE LAS MEJORES RUTAS

NI VERTIENTES PARA CORONAR CADA UNA DE ELLAS,

SIGUIENDO EL CORDAL PRINCIPAL

SI PODRÍA SUBIR MUCHAS

EN RELATIVAMENTE POCO TIEMPO,

ASIQUE, ASÍ NACIÓ LA IDEA.

IRÍA DESDE PIQUERAS,

HASTA PALACIOS DE LA SIERRA,

RECORRIENDO TODO EL CORDAL PRINCIPAL

DE LOS PICOS DE URBIÓN,

SUBIENDO MÁS DE 40 CIMAS,

A UNA ALTURA MEDIA DE 2000M,

80KM, MÁS DE 4000M DE DESNIVEL EN ALTA MONTAÑA,

CON NIEVE,

CON CARAS NORTE,

CON ROCA,

CON AVENTURA,

SÓLO.

UN PLANTEAMIENTO ATREVIDO,

UN SUEÑO,

UNA IDEA,

UN PROYECTO.

UN CALUROSO Y SOLEADO DÍA DE FINALES DE AGOSTO,

ME ENCUENTRO EN EL INICIO DE LA RUTA

CON GANAS Y BUENAS SENSACIONES,

ASIQUE NO TARDO EN PREPARARME

Y RÁPIDAMENTE SALIR HACIA ARRIBA.

PRIMERAS HORAS,

PRIMEROS KILÓMETROS Y TODO VA SEGÚN LO PREVISTO,

BUEN RITMO Y BUENAS PIERNAS,

PERFECTO.

PRIMERAS CIMAS,

PICO DE LA CEBOLLERA (2141M), TELÉGRAFO (2078M),

HOYO MAYOR (2001M), PEÑÓN DE SANTOSONARIO (2058M).

Y COMIENZO EL CAMINO AL CASTILLO DE VINUESA (2086M).

EN EL COLLADO ANTERIOR A EMPEZAR LA SUBIDA

EMPIEZO A NOTAR ALGO RARO EN MI CUERPO,

TENGO LAS PIERNAS PESADAS,

PERO NO ES ESO LO QUE ME PREOCUPA,

SINO LA DIFICULTAD QUE TENGO PARA RESPIRAR,

NO PUEDO COGER AIRE PROFUNDAMENTE,

SÓLO RESPIRO DE MANERA SUPERFICIAL

Y ME VOY AGOTANDO.

ME DUELE EL PECHO

Y TENGO QUE IR ANDANDO,

CADA VEZ QUE INTENTO CORRER ME SALE UNA PROFUNDA

Y DOLOROSA TOS.

YA VEO QUE ÉSTO NO VA BIEN.,

PERO CUANDO TE MARCAS UN OBJETIVO,

UNA META,

ES TÁN DIFÍCIL EMPEZAR A PENSAR

EN QUE NO VAS A LLEGAR,

ES TÁN DIFICIL PENSAR

EN EL MOMENTO QUE TIENES QUE PARAR

Y VOLVER A CASA.

ES TÁN DIFICIL Y TAN DURO PARA UNO MISMO,

QUE NO DEJO QUE LOS PENSAMIENTOS

SE QUEDEN MUCHO TIEMPO VOLANDO POR MI MENTE...

Y SIGO,

"YA IRÉ MEJOR MÁS TARDE" ME DIJE..

PERO NO FUÉ ASI.

ALGUNAS VECES SI,

PERO OTRAS EL CUERPO DICE BASTA..

DESPUÉS DE SUBIR CUATRO CIMAS MÁS,

SIGO EN ESE PROFUNDO AGUJERO NEGRO,

DE DONDE TEMES NO SALIR MÁS.

Y AQUÍ SE ACABÓ MI PROYECTO,

NADA MEJOR QUE UN BUEN BAÑO EN EL LAGO

PARA RECUPERAR Y HACER ANÁLISIS DE DAÑOS.

UNAS VECES LAS HISTORIAS SALEN BIEN Y OTRAS NO,

PERO TODAS SON HISTORIAS Y PARA QUE LO SEAN,

HAY QUE EMPEZAR A ESCRIBIRLAS.

- - - - -

POR SER ELLAS MISMAS,

POR SER UN CORAZÓN ESCONDIDO

TRAS UNA APARIENCIA SENCILLA.

POR SER COMO SON,

POR MANTENERSE OCULTAS TRAS LAS NUBES

Y LAS TORMENTAS DE VERANO,

POR HACERME LATIR MAS FUERTE

CUANDO HUNDO MIS PIERNAS EN SU FRÍA NIEVE.

POR SU OLOR A PINOS,

A RIOS SUAVES Y CLAROS

EN CIRCOS OSCUROS ENCERRADOS

TRAS PAREDES DONDE RETUMBAN AUN LOS ECOS.

POR ESE AIRE FINO QUE SE RESPIRA POR ENCIMA DE DOSMIL
[METROS.
POR CUMBRES QUE UNEN A LAS CULTURAS Y LAS GENTES,

POR TODAVIA PERMANECER ESCONDIDAS

EN EL CENTRO DEL MAPA

DONDE NO SE PARAN LOS OJOS MUCHOS TIEMPO,

SÓLO EL DEDO ENTRE UN PUNTO Y OTRO

LAS RECORRE POR LOS LADOS,

COMO UN ALTO EN EL CAMINO,

NO COMO UN FINAL.

ROCAS QUE HUELEN A BOSQUE,

BOSQUES QUE SABEN A AGUA,

REFLEJOS DE LA NIEVE SOBRE COPAS OSCURAS Y ALTIVAS,

IGUALES QUE LAS MONTANAS UN POCO MAS ALLÁ,

EN LA LEJANIA.

MURMULLOS ARROGANTES

BAJO LA NIEVE QUEMADA BAJO EL SOL,

SONIDOS QUE DAN LA VIDA A LOS QUE VIVIMOS

AGUAS MÁS ABAJO,

CON MISMO NOMBRE,

CON OTRA FORMA.

ESTE PROYECTO

NACIÓ HACE YA MUCHO TIEMPO,

SEGUIR LA LÍNEA LÓGICA

QUE ME MARCABAN LAS MONTAÑAS,

EL LUGAR POR DONDE CADA UNA DE ELLAS

SE UNIA AL RESTO.

VIVIR EL VIAJE Y LA CONEXIÓN,

EN EL ESFUERZO Y EN EL DESCUBRIR POR UNO MISMO.

INTENTÉ ESTE PROYECTO EL VERANO PASADO,

YA SIN PRACTICAMENTE NIEVE EN LAS CIMAS

Y NO FUE UN BUEN DÍA

TENIENDO QUE ABANDONAR.

ESTE AÑO QUERIA VOLVER A INTENTARLO,

PERO HACERLO MÁS BONITO,

MÁS COMPLETO

Y ALGO MÁS DIFICIL.

Y ESTA VEZ SÍ...

LIKE A ETHIOPIAN

"LA MÁXIMA EXPRESIÓN DE LIBERTAD,

ES PODER RENUNCIAR A ELLA"

HAY UN SENTIDO EXISTENCIAL,

POR EL CUAL,

TODOS NECESITAMOS SENTIR DE NUEVO EL PRIMER LATIDO,

LA PRIMERA RESPIRACIÓN,

RECORDAR LA PRIMERA LÁGRIMA DE NUESTRA VIDA.

CORRO, CORRO COMO SIEMPRE, NADA DIFERENTE,

TAMPOCO PARECIDO DE AYER A HOY

O DEL DOLOR DE MIS PIERNAS DE CODORNIZ.

ME ODIO Y ME AMO EN EL MISMO AZULEJO,

ME ESPERO Y ME DESPIERTO CON EL MISMO ALIENTO,

ME CALLO Y ME SUSURRO AL OÍDO,

ME MOJO LOS PIES EN SENDEROS LEJANOS Y FRÍOS.

ZIGZAGEO, ESPECULO,

ME REGATEO,

DOY UNA Y MIL VUELTAS, ME LO PIENSO.

TEMO POR MI VIDA UNA VEZ MÁS,

PERO YA ACOSTUMBRADO,

NO MUESTRO NI UN FINO PARPADEO.

INFINITAMENTE RELAJADO, ABSORTO,

SOÑANDO CON CUALQUIER MANJAR RECALENTADO, ZAMBULLO MI

DELGADO CUERPO ENTRE LAS FRÍAS AGUAS CON LA INTENCIÓN DE

 LLEGAR A LA OTRA ORILLA,

VIVO O MUERTO.

AGARRO UNA RAMA DE UN POBRE ÁRBOL HUNDIDO

POR LA FUERZA DE LA CORRIENTE Y ME AFERRO

A LA VIDA UN MINUTO MÁS, ESPERANDO

QUE EL AGUA AGITADO

NO ME DESEQUILIBRE Y EL SALTO

QUE HAY UN KILÓMETRO AGUAS ABAJO

ME ACABE TRITURANDO.

INDOMABLE ESPÍRITU, ESTÚPIDO CEREBRO.

TRAZO UNA NUEVA JUGADA EN LA RULETA RUSA,

CON CUATRO SOBRE CINCO BALAS.

SOPESANDO MIS ACTUALES DESGRACIAS,

POR NO REGRESAR POR EL MISMO CAMINO,

PIES FRÍOS, GUANTES ROTOS,

MOCOS, DOLOR EN LA ESPALDA Y EL OMBLIGO.

TODO PERFECTO Y EN SU SITIO.

CORRO POR TRABAJO

AUNQUE NO ME PAGUEN POR HACERLO,

SI NO, POR TRABAJAR Y CORRO PARA LLEGAR A ÉL.

AVENTURA AL ALDO DE CASA,

MORIR DULCEMENTE CERCA DE TU OVILLO,

ESTUPIDEZ MÁXIMA,

MÁS ALLÁ DE LAS CASAS,

CALLES Y PAREDES DE LADRILLO.

SUBIRÉ PAREDES, VEREDAS Y FORMAS.

SE PUEDE VENCER, SÍ.

SÓLO SI HAY VALOR DE POR MEDIO.

DÍAS DE LLUVIA

AHORA LO ENTIENDO TODO,

NO EXISTE NINGÚN MONT BLANC NI NADA POR EL ESTILO.

ES UN CUENTO,

UN BURDO Y SUCIO CUENTO.

ESTE ENVIADO ESPECIAL, (LITERALMENTE)

HA DECIDIDO REVELARLO TODO,

SACAR TODOS LOS TRAPOS SUCIOS AL DESCUBIERTO.

SENTAR EN EL BANQUILLO

A TODOS AQUELLOS,

QUE NOS HAN CONTADO UNA Y OTRA VEZ ESA CANTINELA

DESDE EL INICIO DE LOS TIEMPOS ALPINÍSTICOS.

UN CANTO DE SIRENA

QUE ATRA A TODO AQUEL QUE TRANSITA

ESPACIOS MONTAÑOSOS DE TODO TIPO Y CLASE

Y QUE HABLA SOBRE UNA BLANCA Y ALTA MONTAÑA

EN EL CONFÍN ENTRE SUIZA, ITALIA Y FRANCIA.

EN ESO TAN VERDE Y CARO QUE SE DENOMINAN,

LOS ALPES.

PUES POR ESO ME ENCUENTRO YO AQUÍ

Y HE DE CONFIRMAROS,

A LOS QUE YA ERAIS ESCÉPTICOS,

QUE NO HAY NADA DE ESO.

ASIQUE, RESERVAD LA GASOLINA,

CANCELAD VUESTROS BILLETES DE AVIÓN

Y VOLVED A GUARDAR LOS CRAMPONES HASTA EL SIGUIENTE
                                                    [INVIERNO.
AGRADECÉDMELO,

OS HE AHORRADO UNA PARTIDA INSATISFECHA DE ESPERAS,

COMPRAS Y FILAS INTERMINABLES

DE GENTE RUBIA ENFUNDADA EN LAS MEJORES MARCAS

DE PRENDAS MONTAÑERAS.

TODO ES CARO

Y TODO LLEVA EL NOMBRE DE ESA MONTAÑA INVISIBLE.

NOS LA ESTÁN COLANDO A CADA INSTANTE.

YO DESDE QUE ESTOY AQUÍ,

BUSCANDO ESA MALDITA BOLA DE HELADO GIGANTE

SÓLO HE VISTO BABOSAS.

GRANDES, PEQUEÑAS, MEDIANAS.

CON ANTENAS/OJOS NEGROS,

MARRONES Y UNO DE CADA COMO DAVID BOWIE.

TENGO YA MEDITADO PROFUNDAMENTE

QUE ESTAMOS ANTE UN NUEVO Y PRÓSPERO NEGOCIO;

CONSIDERÁNDOLAS COMO GULAS DULCES

Y UN BUEN MARKETING,

PODEMOS FORRARNOS TODOS.

LAS BABOSAS

SE DESPLAZAN A VELOCIDADES VERTIGINOSAS

Y A LA VEZ DIVERTIDAS.

SE MUEVEN EN UN TOBOGÁN DE BABA INTERMINABLE

Y NO NECESITAN UNA ALTURA MÍNIMA,

DONUT CON ASAS O FLOTADOR.

ESTAMOS PROMOVIENDO UNA NUEVA SECTA

PARA ADORAR SU TRANSLÚCIDA Y DELICADA BABA.

TENGO MIEDO DE QUE ME ATAQUEN EN GRUPO

Y SE COMAN MI TIENDA Y MIS CALZONCILLOS.

CIERRO LAS CREMALLERAS CON RABIA,

PENSANDO QUE INFUNDO TEMOR SOBRE ELLAS,

AUNQUE SOY CONSCIENTE

QUE A LAS BABOSAS NO LES DETIENE NADA.

NADA.

ÚLTIMAMENTE PIENSO,

QUE ME GUSTARÍA PINTAR ALGUNA POR DEBAJO

PARA QUE,

SUERTUDA Y SORPRENDIDA ELLA,

FUERA DEJANDO UN LSDEICO

Y COLORIDO RASTRO POR EL SUELO.

COMO NO CONSIGO USAR MI PIOLET DE OTRA MANERA,

LO HE TRANSFORMADO EN UNA PRÁCTICA COLUMNA PARA MI
                                    [TIENDA DE CAMPAÑA,
CON EL FIRME PROPÓSITO,

DE QUE NO SE HUNDA MÁS

Y PASE DE MOJARME LOS PIES

A QUE SE ME MOJEN LOS MAPAS O EL ESCROTO

Y POR AHÍ NO PASO.

SUERTE QUE LLEVO LA PASTA DE DIENTES

PERFECTAMENTE HERMETIZADA EN UNA BOLSA DE COCINA
                                    [TRANSPARENTE;
ESTOY CASI SEGURO,

QUE NO PUEDE HABER ALGO MÁS REPUGNANTE,

QUE UTILIZAR UNA PASTA DE DIENTES HÚMEDA.

ESTO ESTÁ DEFINITIVAMENTE MUERTO.

LOS ÚNICOS VIANDANTES QUE LOCALIZO,

SON LOS TURISTAS

QUE SE ACERCAN HASTA LA GARITA DEL TELEFÉRICO,

PERO AL HACER MAL TIEMPO,

ÉSTE NO FUNCIONA Y ELLOS,

SE VAN TRISTES AL HOTEL,

EN UN CICLO PARECIDO AL HOTEL-PLAYA-HOTEL,

TAN AUTORREALIZADOR Y ESPIRITUAL,

QUE SE DA EN NUESTRAS COSTAS.

Y EN ESTE CASO LA PLAYA

ESTÁ CERRADA HASTA NUEVO AVISO.

MIENTRAS, YO PASO LOS DÍAS

SUBIENDO MONTAÑAS VERDES Y HÚMEDAS,

MÁS CERCANAS AL SUELO DE LO QUE ME GUSTARÍA.

MI GORE-TEX YA NO DA MÁS DE SÍ

Y AHORA,

DEJA QUE LA LLUVIA LO TRASPASE, RESIGNADO,

CANSADO DE SU COMETIDO.

ESTAMOS RENEGOCIANDO UN NUEVO CONTRATO

VIENDO EL PANORAMA

Y EL PRONÓSTICO DEL TIEMPO PARA LOS PRÓXIMOS DÍAS.

COMO FLANES SABOR CARAMELO,

CRÊPES PREFABRICADAS

Y BRIOCHES DE DESAYUNO CON SALCHICHAS DE FRANKFURT.

LOS DÍAS PARES,

TAMBIÉN COMPRO ZUMO DE NARANJA

PROCEDENTE DE CONCENTRADO.

SOY AFORTUNADO

Y TODAVÍA CONSERVO SECA UNA DE MIS SEIS ZAPATILLAS.

LA VENERO COMO A UN DIOS

PERO NO VOY A MISA,

NUNCA ME HA IDO.

LA TOCO TODAS LAS MAÑANAS

PARA RECORDAR LO QUE ERA ALGO SECO.

EL RESTO DE MI ROPA ESTÁ TENDIDA,

FUERA DE LA TIENDA,

SECANDOSE BAJO LA LLUVIA.

CHAMONIX ES UNA CIUDAD DE CONTRASTES.

UN BURRO TE REBUZNA AL OIDO JUNTO A LA CALLE,

MIENTRAS UN TIPO

CON UN MODERNO SOMBRERO DE VACA

SE DUERME EN TU HOMBRO EN EL AUTOBÚS.

LAS CALLES ESTÁS REPLETAS DE GENTE ENFUNDADA

EN ROPA DE MUCHOS COLORES,

CAMINANDO CON BOTAS RÍGIDAS BRILLANTES

POR EL ADOQUINADO,

COMO UNA BAILARINA CON TACONES DE AGUJA.

SALGO DE ALLÍ COMO UNA RATA

PERSEGUIDA POR UN GATO CABRÓN,

EN PARTE POR TEMOR A LOS ESPACIOS CONFINADOS

Y EN PARTE,

POR QUE ME HE DEJADO EL MÓVIL CARGANDO EN LOS LAVABOS;

CUANDO UNA MANADA DE JÓVENES

ME IMPIDEN BAJAR EN MI PARADA,

HACIENDO USO DE LA PRESIÓN EN GRUPO CONTRA LAS PUERTAS,

OBLIGÁNDOME A IR HASTA EL FINAL DE LA LÍNEA,

MIENTRAS SUBE UN TIPO VESTIDO DE TRAJE

Y CON DOS GRANDES SACOS DE PATATAS,

Y LOS PUBERTOSOS DE MI LADO

TERMINAN DE LIARSE EL PORRO QUE EMPEZARON,

HACE SEIS PARADAS.

UNA HORA MÁS TARDE,

VUELVO DONDE ESTÁ TODO MUERTO Y ME GUSTA MÁS ASÍ.

CELEBRO QUE SIGO VIVO POR TODO LO ALTO,

DEVORANDO POR LA CALLE,

CUAL ALIMAÑA,

UNOS NUTRITIVOS CEREALES DE ESOS DE AZÚCAR.

MIENTRAS,

COJO OTRO FOLLETO DE LA ESCUELA FRANCESA DE ESQUÍ,

PARA EL APRETÓN QUE MILIMÉTRICAMENTE

ME SOBREVIENE ESTOS LLUVIOSOS DÍAS

NADA MÁS TERMINAR DE CENAR MIS FLANES.

TODAVÍA,

SIGO BUSCANDO AQUELLA MONTAÑA BLANCA

DE LA QUE UN DÍA ME HABLARON.

CORRER Y LA ESTUPIDEZ HICIERON EL RESTO

Y ME TRAJERON HASTA AQUÍ.

LA GRAN MARATÓN

"Mas ahora, por tu bien pienso y discierno,
que debo ser tu guía,
quien te lleve desde este sitio humilde,
hasta otro, eterno."
D. Alighieri

LAS PERSONAS

NO TIENEN TIEMPO PARA PERMITIRSE SOÑAR,

PARA REGALARSE PENSAR,

PARA VOLVER AL VIENTRE PROPIO

DE SU MISMA NATURALEZA.

TODO HABÍA CAMBIADO,

SURCABA MI FINO BOLÍGRAFO LÁGRIMAS DE PAPEL,

CON DESTINO EL FUEGO.

TENÍA QUE REENCONTRARME CON MI PROPIO YO,

CON MI VERDADERO SER.

RECORRER LAS MONTAÑAS DEL HIMALAYA ES UN SUEÑO,

UN SUEÑO CON PIERNAS AFILADAS

QUE TRATAN DE ESFUMARSE DE MI CONCIENCIA.

COINCIDENCIA O NO,

SIN RUMBO NINGUNO,

SIN PIEL NI PLANES,

HORARIOS,

FECHAS NI COMPAÑÍA,

QUERÍA TRAZAR MI LÍNEA

BORRABLE CON LA PRIMERA NEVADA,

CON LA PRIMERA HOJA CAYENDO EN EL SENDERO.

SÓLO YO,

CON UNA PEQUEÑA MOCHILA

Y UNAS DELGADAS PIERNAS LLENAS DE HERIDAS.

SÓLO YO Y MIS MENTIRAS,

SÓLO YO Y MIS PENSAMIENTOS.

CREO ESTAR POR ENCIMA DEL BIEN Y DEL MAL.

CREO ESTAR POR ENCIMA DE MÍ MISMO.

¿SE PUEDE CONTAR EL AMOR?

¿PUEDO INCLUSO MEDIRLO?

ENTONCES, ACASO

¿CÓMO PUEDO HACERLO CON MI SER

Y MI MOVIMIENTO POR EL MUNDO?

SÓLO HAY QUE MIRAR Y ESPERAR SENTADO,

FUEGO QUE NACE EN LO MÁS PROFUNDO DE LAS TRIPAS,

DE LAS ENTRAÑAS.

AQUELLO QUE NO SE DEBE,

O ESO NOS HACEN CREER,

SACAR A LA LUZ,

AL EXTERIOR,

FUERA DE LA PIEL.

ESE MURO FINO PERO CASI INQUEBRANTABLE,

ESE MURO QUE NOS AISLA COMO RATAS ENJAULADAS

EN LATAS DE SU PROPIA AMARGURA.

LITROS DE DOLOR QUE SE EVAPORAN CON EL SOL

DE LA ESPERANZA ESTÚPIDA.

PIELES QUE NO SE QUIEREN TOCAR

POR MIEDO A QUE NO SEAN IGUALES,

MIEDO A SER DIFERENTES

Y AL TENER MIEDO,

YA ESTAMOS QUEDÁNDONOS SÓLOS.

FIESTA EN EL
PAMIR

ME DISPONGO A VIAJAR

Y TODAVIA SIGO EN EL ANTERIOR VIAJE.

EN ESTOS MOMENTOS

ME ENCUENTRO ACOMPAÑADO POR UN SER

QUE DE ADAPTADO AL MEDIO,

DE EVOLUCIONADO,

CASI NO PUEDE SER CONSIDERADO HUMANO.

EL SUPERHOMBRE QUE NIETZSCHE ANHELABA,

UN REFERENTE,

UN ÍDOLO,

UNA OBRA DE ARTE.

UN SER CAPAZ DE CONCILIAR EL SUEÑO

EN UN PEQUEÑO,

INCÓMODO Y SONORO "AUTOBÚS",

APOYANDO LA CABEZA EN EL SUELO

Y MANTENIÉNDOSE SENTADO

EN SU CORRESPONDIENTE ASIENTO,

MERECE TODOS NUESTROS RESPETOS, AL MENOS

Y QUIZÁS UNA PLACA EN ALGUNA CALLE ESTRECHUJA,

SU CARA EN LAS MONEDAS DE 1 CÉNTIMO

O UN PAR DE RELIGIONES MINORITARIAS.

ÉSTA HA SIDO, SIN DUDA,

LA MAYOR DEMOSTRACIÓN DE ARTE

QUE HE ENCONTRADO EN ESTE LARGO VIAJE.

¡CUÁN DIFERENTES SOMOS LAS PERSONAS!

ME PREGUNTO MIENTRAS TRATO

CON UNA DEPENDIENTA RUBIA Y MALHUMORADA

DE QUE MI DESTARTALADO PETATE,

ES VÁLIDO PARA SU MALDITO AVIÓN.

LA DIFERENCIA ENTRE LA VALIDEZ

Y "COMPROMETER LA SEGURIDAD",

PARECE ESTAR EN LA CANTIDAD

DE BILLETES QUE PASEN DE MI CARTERA A SU CAJA.

CURIOSAMENTE NO ME EXTRAÑO.

SUEÑO CON SÁBANAS BLANCAS

Y UNA DUCHA CALIENTE DURANTE HORAS

Y MI VUELO CONSIGUE NO ESTRELLARSE

EN SU ANDADURA POR MEDIO MUNDO.

MONOTONÍA AÉREA,

SÓLO INTERRUMPIDA POR ESPECTATIVAS

DESVANECIÉNDOSE SOBRE UN MENÚ GASTRONÓMICO,

MEJOR PUBLICITADO QUE UN PERFUME POR TELEVISIÓN

O UN CANDIDATO POLÍTICO;

Y UN BRAZO MÁS PELUDO DE LO QUE DESEARÍA

ROZÁNDOME CONSTANTEMENTE,

MIENTRAS TRATO DE DESCIFRAR

LA ADICTIVA TRAMA DE UNA PELÍCULA EN TURCO.

ME ESCURRO POR LAS CALLES DE UNA CIUDAD

PROFUNDA-MENTE GRIS Y CAÓTICA,

LOS COCHES TIENEN EL VOLANTE AL AZAR

Y ANTES REGALARÍA TODAS MIS PRECIADAS ZAPATILLAS

QUE INTENTAR CRUZAR UNA AVENIDA.

KILOS Y KILOS DE BASURA CENTRO-ASIÁTICA PASADA

MEZCLADA CON AÚN MÁS KILOS

DE PUBLICIDAD OCCIDENTAL Y SUS "BONDADES".

UN HOMBRE DESTARTALADO Y RODEADO DE ARENA,

VENDE CHICLES Y BOTELLAS DE AGUA

POR ALGO MÉNOS DE 3 CÉNTIMOS,

MIENTRAS OBSERVA CURIOSO Y SORPRENDIDO

LA CONSTRUCCIÓN DE UN ENORME CARTEL

CON EL ÚLTIMO MODELO DE SMARTPHONE.

SONRIENTE ÉL,

AHORA TENDRÁ UNA GRAN SOMBRA PARA SU GARITO

Y SUS BEBIDAS ESTARÁN MÁS FRESCAS

Y APETECIBLES PARA EL PÚBLICO.

¡UN MUNDO TAN DISTINTO HAY AHÍ FUERA,

SÓLO CON SALIR DE ESA JAULA INVISIBLE Y PROFÉTICA

LLAMADA EUROPA!

MEZCOLANZA DE OLORES,

SABORES,

TEXTURAS

Y MIRADAS POR IGUAL.

TODAVÍA EN EL HUESUDO TRASERO QUE POSEO,

ADORMECIDO TRAS MÁS DE 12 HORAS DE AVIÓN,

OBSERVO CURIOSO A MI CADÁVER

SUBIRSE A UNA AVIONETA

CON MÁS PINTA DE LA SEGUNDA GUERRA MUNDIAL

QUE DE LLEVARME A UNAS MONTAÑAS.

OMITIRÉ MÁS DESCRIPCIONES

SOBRE ESTA PATÉTICA-EMBRUJADA AVIONETA,

PARA DEJAR QUE EN MIS LECTORES BROTE

LA IMAGINACIÓN,

INCLUYENDO TODO TIPO DE SONIDOS Y TURBULENCIAS

QUE INVITAN AL PÁNICO.

TRATO DE LEER MUY INTERESADO

EL PANFLETO DE SEGURIDAD

AUNQUE SEA LA PRIMERA VEZ QUE VEO ESTE IDIOMA.

[...]

UNA CALUROSA TARDE EN EL CENTRO DE ASIA,

VAGABUNDEANDO,

FIEL A MI ESTILO ANÁRQUICO,

RASTRERO Y SOFISTICADO AL MISMO TIEMPO,

POR ENTRE LAS MEZQUITAS Y LOS INTERMINABLES PUESTOS

DE SANDÍAS DE UN PUEBLO MARRÓN,

DONDE DE REOJO ME OBSERVAN SEDIENTOS DE SANGRE

Y NO SE SI DE VENGANZA,

UNOS CUANTOS HOMBRES ÁGILMENTE APOYADOS

DE CUCLILLAS SOBRE UN LADRILLO CADA UNO,

AL PARECER SUMAMENTE CÓMODO.

ME LAS ARREGLO,

NO SE TODAVÍA CÓMO,

PARA HACERME CON MONEDA LOCAL,

AL ESTILO TRUEQUE Y CON UNA COCA-COLA DE POR MEDIO.

AÚN NO HE APRENDIDO KIRGUIZ

Y AQUÍ EL INGLÉS SALIÓ HUYENDO,

CON LO QUE PARA ENTENDERNOS

NOS GRITAMOS FUERTE EN EL ROSTRO,

LO MÁS CERCA POSIBLE

Y SEGÚN EL ALIENTO DEL INTERLOCUTOR,

CONOCEMOS SUS DESEOS Y NECESIDADES.

EL TACTO DE UNA SUAVE Y NUTRITIVA SANDÍA

ENTRE MIS MANOS ADORMECE EL PEQUEÑO ENANO

DE MIEDO DE MI INTERIOR

AL ALZAR LOS OJOS Y CONTEMPLAR

COMO UN DEMENTE LAS MONTAÑAS MÁS GRANDES

Y A SU VEZ ATEMORIZANTES

QUE HE VISTO EN TODA MI VIDA;

A LA VEZ QUE HUMEDECE MI PALADAR

EL PENSAR EN SUS ROJAS,

PULPOSAS Y DULCES ENTRAÑAS.

ME HE AFICIONADO A COMPRAR FRUTAS Y PAN

POR MENOS DE 20 CÉNTIMOS,

MUCHA MÁS CANTIDAD DE LA QUE SEGURAMENTE,

(COMPROBADO MÁS TARDE) PUDIERA DEVORAR.

CON LA TRIPA A PUNTO DE REVENTAR

DEBIDO AL INMENSO ANSIA

DESPUÉS DE CASI DOS DÍAS SIN COMER,

ME PRESENTO A UN JOVEN Y TERCO TAXISTA,

CON AIRES OCCIDENTALES,

CARÁCTER SOVIÉTICO Y UN MERCEDES

CON EL QUE SEGURAMENTE,

PODRÍA COMPRAR MI CASA ENTERA Y MIS CRAMPONES.

LADY GAGA DESTROZA

(NO SOLAMENTE DEBIDO AL VOLÚMEN)

MIS TÍMPANOS DURANTE EL CORTO

E INTERMINABLE TRAYECTO

HASTA UNA ESPECIE DE CASA COMUNAL,

QUE EN ESPAÑA YA ESTARÍA HACE TIEMPO DESALOJADA,

DONDE DEBERÍA COGER MI ÚLTIMO TRANSPORTE

HASTA LAS MONTAÑAS.

UNA VEZ ALLÍ

96

ME PERCATO DE QUE NO HAY NADIE EN TODA LA ESTANCIA

MÁS QUE UN POLVORIENTO JOVEN DORMIDO (O MUERTO),

EN EL EXTREMO SEPTENTRIONAL DE UN LARGO SOFÁ.

SIEMPRE HE SIDO MUY DE RESISTENCIA PACÍFICA E INMÓVIL,

ASIQUE APLICO MIS ARTES EN ESTE EPISODIO

Y DADO QUE NO SE NI LA HORA, NI CUÁNDO, NI CÓMO

SALDRÁ MI TRANSPORTE,

DECIDO ACURRUCARME

AL LADO DEL HOMBRE POLVORIENTO

Y DORMIRME PLÁCIDAMENTE.

UNAS HORAS, DÍAS O MESES DESPUÉS

(PODRÍA SABER EL TIEMPO TRANSCURRIDO INCONSCIENTE

EN AQUEL TUGURIO POR LA ESPESURA

DE UNA BARBA MASCULINA

PERO MI BARBA APENAS CRECE EN UN MES)

UNA SEÑORA MEDIO BORRACHA PERO MUY AMABLE

(LOS BORRACHOS AMABLES SON LOS MEJORES),

ME DESPIERTA SUAVEMENTE

Y ME INDICA QUE MI TRANSPORTE YA ESTÁ AQUÍ.

NINGUNO DE MIS LECTORES,

NI YO MISMO TODAVÍA,

CONOCE CÓMO ESTA EBRIA MUJER SABÍA

97

MIS PROPÓSITOS, MI NOMBRE,

MI RESERVA Y TODO TIPO DE DETALLES ACERCA DEL VIAJE,

O AL MENOS PARECIÓ SABERLOS.

DE UNA U OTRA FORMA,

AÚN SI NO FUERA YO AL QUE SE REFERÍA,

APROVECHO LA COYUNTURA

Y SALTO ADENTRO DE UNA FURGONETA DE LA U.R.S.S

SIN NINGUNA DUDA DE LA SEGUNDA GUERRA MUNDIAL,

QUE AL PARECER,

POR FÍN ME CONDUCIRÁ A LAS MONTAÑAS.

AFORTUNADAMENTE PARA MÍ,

PUDE DIGERIR EN VELOCIDAD RÉCORD TODA LA SANDÍA

Y EL PAN QUE HABÍA COMPRADO ANTES DE MONTARME

EN ESTE MALDITO APARATO.

EL POLVO DEL CAMINO

INVADE EL HABITÁCULO

HACIENDO COMPLOT CON EL INMENSO CALOR

DE LA LLANURA KIRGUIZ,

LLEVÁNDONOS POCO A POCO HACIA EL COMA INDUCIDO.

LO CUAL, A BUEN SEGURO,

HARÁ REÍR A UNAS CUANTAS FAMILIAS NÓMADAS

QUE NOS OBSERVAN POR EL CAMINO.

TRAS HORAS Y HORAS

DE SENTIRME COMO ESTANDO DENTRO DE UNA COCTELERA

SUCIA Y CON HOMBRES SUDOROSOS,

COMIENZO A CREAR MI PROPIO ESTILO PARA VIAJAR

EN ESTE TIPO DE VEHÍCULOS;

SUSPENDIENDO LA CABEZA EN EL AIRE

Y DEJANDO QUE SEA EL RESTO DEL CUERPO

EL QUE BAILOTÉE

AL RITMO QUE MARCA EL CONDUCTOR MÁS RUSO

Y MÁS PSICÓPATA QUE NUNCA ME HABÍA CRUZADO.

EN UNA TÉCNICA MUY SIMILAR

A LA QUE UTILIZAN LAS GALLINAS

CUANDO LAS LLEVAS

DE UN LADO PARA OTRO SOBRE LAS MANOS.

LA NATURALEZA SIN DUDA ES MÁS SABIA.

CONSIGO NO VOMITAR

EN EL LARGO Y AGOTADOR TRAYECTO,

Y NUESTRO CONDUCTOR

HA CONSEGUIDO NO DORMIRSE EN LA NOCHE,

LO QUE CELEBRAMOS POR TODO LO ALTO

AL ESTILO LOCAL BEBIENDO

LECHE DE YAK RANCIA Y CARNE CON ARROZ.

LA NOCHE YA HA CAÍDO HACE HORAS EN ESTE RINCÓN

DEL PAMIR, EL FRÍO ES INTENSO,

EL SUEÑO ENTUMECE

Y MI TRASERO ESTÁ PLANO

COMO UNA CARPETA; PERO INTENTO

DISTINGUIR,

ANTES DE ENTRAR EN UNA SOLITARIA TIENDA DE PLÁSTICO

DONDE UN LITUANO ÁVIDO DE CONVERSACIÓN

ME ESPERA, ALGUNA DE LAS MONTAÑAS QUE VIVEN AQUÍ,

TAN LEJOS SIEMPRE DE MÍ

Y AHORA, POR FIN,

TAN CERCA.

[...]

UN EXCONVICTO SOVIÉTICO

ME DEVUELVE A UNA REALIDAD PARALELA

QUE NO ME GUSTA ESPECIALMENTE;

LA DE MANDÍBULAS ROZANDO EL SUELO,

NARICES PROFUNDAMENTE QUEMADAS,

CASI NECRÓTICAS

Y OLOR A LETRINA CON ABUNDANTE CARGA.

ALGUNAS CONVERSACIONES SE SUCEDEN

EN UN IDIOMA PROPIO DEL VALLE,

ENTRE EL INGLÉS Y EL KIRGUIZ DEL SUR,

DONDE POR UN PAR DE GALLETAS DE CHOCOLATE

CONSIGUES FÁCILMENTE UN REFRESCO

O UN PAN SECO PARA ALMORZAR Y UN ZUMO.

GRUPOS DE INDIGENTES,

ENTRE LOS QUE ME INCLUYO,

CON MÁS PINTA DE ESTAR ESPERANDO

SU PERIÓDICA DOSIS DE METADONA,

QUE DE SUBIR PIRÁMIDES HELADAS,

ALZAN VOCES Y MANOS ENÉRGICAMENTE AL AIRE,

COMO QUERIENDO AHUYENTAR AL LEOPARDO DE LAS NIEVES,

PERO TRAZANDO CON LOS LABIOS

Y LAS ENEGRECIDAS MANOS

NOMBRES Y FORMAS DE MONTAÑAS

ININTELIGIBLES PARA LOS MORTALES.

SIN DUDA ALGUNA

AQUÍ LOS MÁS ENGREIDOS,

TERCOS, ANTIPÁTICOS Y DADOS A LA ÉPICA

SON LOS RUSOS.

EL SOL RASGA LAS CIMAS

Y ME ODIO A MÍ MISMO POR NO PODER IR A ELLAS,

DADO MI LAMENTABLE ACLIMATACIÓN

Y POR ENDE, DE SALUD,

DESPUÉS DE MEDIO MES DE ENCARNIZADAS LUCHAS

CON BABOSAS Y OTRAS FIERAS DEL AVERNO.

SI A ESTO UNIMOS

QUE EL ÚNICO ALIMENTO QUE HE TENIDO

LA SUERTE DE DEVORAR

EN CUATRO DÍAS HA SIDO

LAS YA ODIADAS BERENJENAS SERVIDAS EN LOS AVIONES

Y DOS SOBRES DE DIEZ GOMINOLAS DE OSITO.

RECARGO MI IMAGINACIÓN EN UN ÚLTIMO CHISPAZO

PRE-LIPOTÍMICO Y QUEDO

CON ALGÚN QUE OTRO DROGADICTO/MEGALÓMANO

DE LAS MONTAÑAS, PARA SUBIR A 4500M.

DEFINITIVAMENTE

LOS RUSOS NO ME CAEN NADA BIEN.

ESTOY DANDO UNA OPORTUNIDAD

A ESTADOUNIDENSES Y ALEMANES

Y PARA MI SORPRESA LA COSA MARCHA.

LOS BOLES DE LECHE DE YAK CON ARROZ

AGRIAN EL CARÁCTER A CUALQUIERA

Y AL PARECER LOS COMPAÑEROS SOVIÉTICOS

CAYERON EN LA MARMITA COMO IMBERBES.

UN SOL RADIANTE ME SALUDA HOY

NADA MÁS ABRIR LA MOHOSA CREMALLERA DE MI TIENDA.

CONSIGO RAPIÑAR ALGUNAS GALLETAS

CON FORMA DE I-PHONE, O ESO ME HAN DICHO,

Y MIENTRAS COMIENZO A ANDAR ME LAS COMO,

SIEMPRE EMPEZANDO POR LA ANTENA.

LA FAMILIA TELERÍN

AVANZA ÁVIDA DE SENSACIONES

Y TAQUICÁRDICA POR LA ALTURA,

FELIZMENTE CONFORMADA POR UN UZBEKO EN CHÁNDAL,

UN ALEMÁN RICO,

UN LITUANO MILTILÍNGÜE,

UN TURCO CON UNA CARA MUY GRACIOSA,

UN RUSO

(AL QUE YO VOTE POR NO

DEJARLE ENTRAR EN EL SELECTO GRUPO)

Y YO,

QUE NO TENGO NADA CLARO

SI SOY DE ALGÚN LADO.

CONFORMANDO UN FÁCIL RITMO PARA CUALQUIER LISIADO

COMO YO,

ENGULLO LENTOS METROS

PRECEDIDO MUY DE CERCA POR EL RICO ALEMÁN

(NO POR EL SABOR),

DEL QUE DE HABERME REGALADO

(O MATADO Y ROBADO)

UNO DE SUS BASTONES PARA CORRER ULTRA-TRAILS,

HUBIERA PODIDO PAGAR TODO MI VIAJE.

HE DECIDIDO MATARLO.

HE OIDO EN LA TELEVISIÓN

A UN HOMBRE BARBUDO Y SESEANTE

QUE EN TIEMPOS DE CRISIS

SON NECESARIOS GRANDES SACRIFICIOS

Y AUNQUE SOY INEXPERTO EN ESTOS ARTES DEL ASESINATO

CONFÍO EN COGERLE EL GUSTO CON LOS RUSOS

QUE HAY EN EL CAMPO BASE.

ESTOY DEMASIADO CANSADO

Y MI CORAZÓN VA TAN RÁPIDO

QUE NO CONSIGO ALCANZARLE

Y ME ARRASTRA HASTA LA DESÉRTICA CIMA

DE MI PRIMERA MONTAÑA DEL PAMIR,

CON EL ÁCIDO LÁCTICO

SALIENDO POR TODOS MIS ORIFICIOS

VITALES Y NO VITALES.

NO LA DISFRUTO,

MAS QUE POR PODERME DESPLOMAR

UNOS CUANTOS INSTANTES SOBRE UNA ROCA

Y QUE MIS ESPUMANTES FAUCES

TRITUREN UNA DE LAS GALLETAS-IPHONE,

QUE HABÍA GUARDADO EN EL BOLSILLO.

INTENTO LANZÁRLE UN TROZO DEL TECLADO

DE LA GALLETA AL ALEMÁN PARA MATARLO,

PERO LAS FUERZAS ESTÁN MÁS QUE JUSTAS

Y EL SUCULENTO PEDAZO

DESCRIBE UNA PARÁBOLA EN EL AIRE

HASTA CAER RENDIDO

A UNOS DE LOS CAROS PIES DEL RICO GERMÁNICO.

[...]

GASTO LAS MAÑANAS

PENSANDO EN SUBIR COPETES HELADOS

QUE ME HAGAN RESPIRAR MÁS CERCA DE LA MUERTE

QUE DE COSTUMBRE.

LA ACLIMATACIÓN ESTÁ EN CURSO

Y DESPUÉS DE ALGUNOS PASEOS HERBOSOS

HE PODIDO COMENZAR A MOVERME,

CON UN MÍNIMO DE DIGNIDAD Y EN BIPEDESTACIÓN.

ADEMÁS LA COMIDA DEL CAMPO BASE

ESTÁ MÁS QUE COMESTIBLE

Y ME NUTRO A BASE DE CARNE DE YAK

(NOTA DEL AUTOR: PARECIDA A LA TERNERA)

Y TÉ VERDE (SÓLO HABÍA DE ESTE MODELO).

LAS TARDES

LAS MALGASTO ESCRIBIENDO ESTUPIDECES COMO ÉSTA

PARA QUE USTED, QUERIDO LECTOR,

PIERDA UN POCO EL TIEMPO Y LAS GANAS DE TRABAJAR.

TODO ESTO HACE POSIBLE

QUE ME SOBREVALORE DE NUEVO

Y DECIDA UNIRME UNA VEZ MÁS

AL GRUPO MULTIDISCIPLINAR PARA SUBIR A 5000 METROS.

NO MUCHO MAS TARDE

ME DARÍA CUENTA QUE FUE UNA MALA DECISIÓN.

AFORTUNADAMENTE ESTA VEZ

HE CONSEGUIDO QUE NINGÚN RUSO

ACCEDA AL SELECTO E HIPÓXICO ELENCO.

UN AMIGABLE SHERPA-MONGOL

(DE LOS MONGOLES DE VERDAD) DE LA ZONA,

SE ME OFRECE INSINUANTE Y RETORCIDO

PARA LLEVAR MI MATERIAL

(PARA ESTABLECER UN CAMPO BASE AVANZADO)

A LOMOS DE SU BURRO-MULA.

EN UN PRINCIPIO DESECHO LA INVITACIÓN

PERO UNA MIRADA

DEMASIADO PREPOTENTE DEL BURRO-MULA

(PERDONEN MI IGNORANCIA EN ESTE TEMA),

ME HACE CAMBIAR DE OPINIÓN

Y DECIDO CURTIRLE EL LOMO AL SOBRADO BURRO-MULA, CON 20KG

DE MI EQUIPO DE SUPERVIVENCIA

PARA MÁS DE DOS MESES

Y TRES VIAJES POR MEDIO MUNDO.

METIDO EN MI ACOLCHADO,

CALIENTE Y ABRAZABLE SACO AZUL

A 5000 METROS DE ALTITUD,

DE NOCHE Y SIN LUNA NI ESTRELLAS,

PUEDO SENTIR POR UNA PARTE

EL ÁCIDO OLOR

DEL LOMO DEL BURRO-MULA EN MI PETATE

Y POR OTRA,

CADA MALDITO LATIDO DE MI DESESPERADO CORAZÓN

TRATANDO DE MANTENERSE A FLOTE.

FINJO INTENTAR DORMIR

AUNQUE ESTÉ MÁS CERCA DEL INFIERNO

QUE DE LA FASE REM.

MI CEREBRO,

HACE TIEMPO QUE HA IMPACTADO

CONTRA LAS PAREDES DE MI CRÁNEO

Y TRATA DE REVENTARLO DESDE DENTRO,

COMO DEBE SER.

CREO QUE VOY A MORIR

Y SALGO DE LA TIENDA EN BUSCA DE OXÍGENO.

CINCO MINUTOS MÁS TARDE

ESTOY CORRIENDO,

MAREADO Y SEMI-VESTIDO

POR UNA PEDRERA INDOMEÑABLE QUE MUERE

EN UNA GRIETA GLACIAR MÁS GRANDE

QUE MI AÑORADA FURGONETA-CASA.

BUSCO AIRE Y QUE MI CABEZA NO EXPLOTE.

ODIO LOS MEDICAMENTOS

Y HE PREFERIDO EL MÉTODO CLÁSICO,

BAJAR, SEA COMO SEA,

AUNQUE SEAN LAS TRES DE LA MAÑANA,

DIEZ GRADOS BAJO CERO

Y CORRA SÓLO

Y SIN RUMBO FIJO

EN MEDIO DE ALGUNAS DE LAS MONTAÑAS

MÁS INMENSAS DEL PLANETA.

[...]

CONTINÚO CON MIS PASEOS MATUTINOS

POR LAS HÚMEDAS Y FLORIDAS LOMAS

HERBOSAS, CERCANAS A MI TIENDA.

ESTÁN LLENAS DE EDELWEISS

Y SÓLO ME HA COSTADO TRES DÍAS DE INTENTOS FALLIDOS

PODER AUPARME A UNA

CON POCO MÁS DE VEINTE METROS DE DESNIVEL.

DESAFORTUNADAMENTE

TODAS MIS COSAS ESTÁN A 5000 METROS.

COMO AHORA SOY MÁS DESECHO QUE NUNCA,

NO ME PERMITO PENSAR EN LO QUE SERÍA

IR A RECOGERLAS.

LANZO UN PUÑADO DE TIERRA AL SUAVE Y CÁLIDO VIENTO

PARA DESPEDIRME DE MI QUERIDO PIOLET,

QUE TANTAS VECES ME HABÍA SERVIDO DE CUCHILLO,

TENEDOR, AZADA O MARTILLO

Y SÓLO DESEO PODER VOLVER A VERLO,

A TOCAR SU FRÍA HOJA INOXIDABLE UNA VEZ MÁS.

113

[...]

LOS SHERPA-MONGOLES

TIENDEN A COGERME ALGO DE RESPETO.

EL TEMOR ESPECTANTE HACIA MI PERSONA

HA DEJADO PASO A UN CONOCIMIENTO

CONSECUENTE A LOS DÍAS QUE LLEVAMOS JUNTOS.

LOS YAKS Y LOS PERROS ME SIGUEN ODIANDO,

MI CALOR TIENDE,

RARAMENTE,

HACIA LO HUMANO EN ESTOS DÍAS.

CON LO QUE NO SUFRO PENA NINGUNA

AL VER UN TROZO DE CARNE DE ANIMALES NEGROS

Y LANUDOS EN MI PLATO.

MIS PULMONES SE AGITAN FUERTEMENTE

DENTRO DE LAS COSTILLAS AL CORRER

AL LADO DE LOS BURROS.

ESTA SUFRIDA E INTENSA EXPERIENCIA

ME HA HUNDIDO FÍSICAMENTE,

PERO AYUDADO A GANAS UNOS CUÁNTOS ENTEROS

RESPECTO A LA MANADA DE SHERPAS

QUE ME INTENTABAN LANZAR FUERA

114

DE LA SERPENTEANTE SENDA AL COMIENZO DEL VALLE.

MIS CARRERAS MATUTINAS

ACOMPAÑANDO A ESTOS ANIMALES

(LOS BURROS),

ME HAN PROPORCIONADO

UN BUEN CALDO DE CULTIVO

PARA EL RECONOCIMIENTO DE ESTAS RUDAS PERSONAS,

NUESTRAS MANOS SE ENTRELAZAN AL FINAL DE LOS DÍAS

Y NUESTRAS CARAS YA SON CONOCIDAS.

LA MEJOR ACLIMATACIÓN

ES AQUELLA EN LA QUE TE VES MURIENDO

RODEADO DE BABAS PROPIAS Y HECES AJENAS.

LOS BURROS SORPRENDEN

CON UN POTENCIAL INCALCULABLE EN LOS ASCENSOS,

DONDE RETUERCEN MI SISTEMA CARDIOVASCULAR

HASTA LÍMITES INSOSPECHADOS.

LAS BAJADAS SON AQUÍ MI TERRENO PREDILECTO,

LOS BURROS MIEDOSOS Y PATICORTOS,

SUFREN CUANDO EL TERRENO INCLINA HACIA EL RÍO.

ALLÍ JUEGO UN PAPEL PRIMORDIAL

Y LANZO LAS ZANCADAS LEJOS

PARA VOLVER A ALCANZARLOS

Y PODER GANAR ALGUNOS METROS

HASTA EL SIGUIENTE ASCENSO.

LAS COMPETICIONES INTERESPECIES

SON LAS MÁS DIVERTIDAS,

SIN DUDA.

ES MUY FÁCIL GANAR

CUANDO EL CONTRINCANTE POSEE LOS MISMOS ATRIBUTOS

NATURALES QUE UNO.

LO NAUSEABUNDO DE LAS LETRINAS

DE UN CAMPO BASE

NO SON LAS TONELADAS DE MIERDA HUMANA

APILADA DURANTE MESES;

LO REALMENTE NAUSEABUNDO

ES QUE SE DETECTA EL PUNZANTE OLOR AL DESAYUNO,

COMIDA Y CENA, SERVIDAS EN EL MISMO.

YO EMPIEZO A DUDAR

SOBRE CUAL DE LOS DOS (COMIDA Y MIERDA)

VA ANTES EN LA SUCESIÓN DE UN DÍA COTIDIANO.

ESTOY COMO EN CASA.

YA NO ME ACUERDO SI NACÍ

EN OTRO LUGAR DIFERENTE A ESTE.

HE SUBIDO MUCHOS PICOS,

DE TODOS LOS COLORES Y SABORES;

CON HIERBA, TIERRA,

NIEVE, HIELO Y GLACIARES.

TENSO DENTRO DE MI TIENDA

PLANEO MIS SIGUIENTES MOVIMIENTOS,

JUNTO CON UN DIBUJO SUCIO DEL PRONÓSTICO DEL TIEMPO

DE HACE CINCO DÍAS, UNA LIBRETA Y UNA FOTO.

TODO ELLO ADEREZADO

CON UNOS CARAMELOS DE NARANJA,

UN TÉ Y UNOS TERRONES DE AZÚCAR PARA CHUPAR.

117

MUCHOS PLANES EN LA CABEZA,

MUCHAS VUELTAS AL ESPÍRITU;

ME DIRIJO CON MI CEREBRO EN SALMUERA,

COMO DE COSTUMBRE,

IMPASIBLE Y EVADIDO DE CUALQUIER ESTÍMULO EXTERIOR,

HACIA LAS LETRINAS,

DISPUESTO A HACER UNA VISITA

AL MONSTRUO DE LAS GALLETAS.

SÓLO LLEGUÉ A MITAD DE CAMINO,

SORPENDIDO ENORMEMENTE

POR UN AUTÉNTICO CADÁVER SOSTENIDO

COMO POR HILOS INVISIBLES DESDE LAS MISMAS NUBES.

PARA MÍ, SIEMPRE PARECIDO

A UN HEROINÓMANO,

ME ACERCO POR SI TIENE CONVERSACIÓN

O ALGUNOS BIENES A HEREDAR, COMO CARAMELOS

O INCLUSO UN PIOLET.

EL YONKI-ALPINISTA

COMPLETAMENTE SECO Y ELECTRIZADO

EN LA MISMA POSICIÓN HIPNÓTICA,

SE CONVIERTE AL INSTANTE EN UN OBJETO DE CULTO,

SÓLO DESEO TOCARLO

Y VER SI ESTÁ COMPUESTO POR ARENA

O POR TERRONES DE AZÚCAR MUY PEQUEÑOS

A LOS QUE MI CEREBRO GRITA HIPOGLUCÉMICO.

EL YONKI-ALPINISTA

SE MANTIENE ERGUIDO A MEDIA ASTA,

CON UN CEPILLO DE DIENTES EN EL CARRILLO DERECHO,

COMO ESPERÁNDO LA MUERTE

O LA CONGELACIÓN.

HUYO DE ALLÍ

AL VER QUE SÓLO ESTÁ COMPUESTO DE SUCIA CARNE HUMANA

Y DEJO QUE LAS MARMOTAS

DESMIEBREN SU CARROÑA.

TRAS OBSERVAR ALGÚN QUE OTRO MUERTO VIVIENTE

MÁS EN LA ZONA,

DECIDO ESCAPAR HACIA ALGÚN VALLE OCULTO

QUE ME ALEJE DE ESA MASACRE DE ZOMBIES.

LOS VERDES PRADOS

DEJAN PASO A LA TIERRA SECA,

A LA ARENA DE LAS SENDAS DE YAKS,

LAS MARMOTAS, LAS PEDRERA,

LOS GRANDES BLOQUES DE ROCA Y LOS GLACIARES.

[...]

TEMO POR MI VIDA

VIÉNDOME EN EL MAYOR GLACIAR QUE HE CRUZADO,

SÓLO,

SOLAMENTE CON UN PIOLET Y UNOS CRAMPONES,

ALGO DE AGUA Y CARAMELOS DE NARANJA.

MI ÚNICA PROTECCIÓN

LA CONFORMAN UN PRIMALOFT Y UN CORTAVIENTOS

QUE NO SE CÓMO AÚN NO SE HA ROTO.

EL GLACIAR SE VA CERRANDO POCO A POCO

Y A MEDIDA QUE AVANZO

LAS GRIETAS A SALTAR SON MENOS.

LAS PAREDES HELADAS

REFLEJAN LA LUZ DE LA MAÑANA

COMO UN ESPEJO Y TRATO

DE NO MIRARME MUCHO

AUSPICIANDO MI DEPLORABLE ASPECTO.

SUBO TODO EL RATO

SIN MIRAR MUCHO ATRÁS NI A LOS LADOS,

LA ARISTA ES MUY LARGA

Y SE ME HUNDEN LOS PIES IMPIDIÉNDOME CORRER.

SALGO HACIA LA ROCA,

MI TÉCNICA DEPURADA TREPANDO EN ROCA SENCILLA

SALE A RELUCIR Y AVANZO RÁPIDO

EN TRAMOS DE SEGUNDO Y TERCER GRADO.

POR SUERTE HOY MI PATATA

PARECE ESTAR DE ENHORABUENA

Y NO PIDE SALIR A VER LA LUZ POR LA BOCA.

MIS ESTRECHAS PIERNAS

SE MUEVEN ÁGILES

Y AVANZO METROS HACIA EL CIELO

POR ROCA Y HIELO,

A VECES MÁS LENTO,

EN GENERAL CONTENTO.

EL VIENTO ME ABOFETEA EN LA CIMA

Y PARECE DECIRME QUE BAJE DE ALLÍ,

QUE LE MOLESTO.

NO RECURRO A DOTES DIALÉCTICAS

NI VIOLENTAS

Y SALGO DE AQUEL TROZO DE ROCA ELEVADA

MÁS RÁPIDO DE LO QUE SUBÍ.

MIENTRAS COMBATO ATORMENTADO

CON LA MAYOR TEMPESTAD QUE HE NUNCA HE VIVIDO,

TRATO DE ENCONTRAR EL VALLE

PARA BAJAR HACIA MI TIENDA.

LOS ÚLTIMOS KILÓMETROS

CREO QUE NO VOY A CONSEGUIRLO

Y VOY A PODER POR FIN VOLAR,

EN EL CENTRO DE UN AMABLE HURACÁN.

MI TIENDA ESTÁ A PUNTO DE SALTAR POR LOS AIRES

Y MI CULO HACE DE PESO EXTRA

PARA TRATAR DE COMPLICÁRSELO.

MUCHAS TIENDAS VUELAN POR EL AIRE

PERO SI SALGO DE LA MÍA,

ÉSTA SE UNIRÁ A LAS DEMÁS.

LA NOCHE YA ESTÁ ENCIMA

Y ME RECUPERO A BASE DE TERRONES DE AZÚCAR

Y EL AGUA QUE ME HA SOBRADO,

ME ACURRUCO EN EL CENTRO DE LA TIENDA

Y ME TAPO LA CABEZA

PENSANDO QUE ASÍ NO ME CAERÁ UN RAYO,

AUNQUE ESTOS ESTÁN CAYENDO

EN LOS ÁRBOLES DE MI LADO.

PIENSO EN LA EXCELENTE RECUPERACIÓN
QUE ESTOY LLEVANDOA CABO EN ESTA SITUACIÓN
Y SI MORIRÉ ESTA NOCHE ALCANZADO
POR UNA DESCARGA DEL MISMO ZEUS.
AHORA COMPRENDO
QUE LAS REVISTAS ESPECIALIZADAS SOBRE CORRER,
SI,
SON MUY EXAGERADAS EN LA RECUPERACIÓN.
UN PAR DE TERRONES DE AZÚCAR
UN GURRUÑO FORMADO POR MI CUERPO
DENTRO DEL SACO
SON SUFICIENTES PARA RECOMPONERSE.

[...]

ES EL FIN,

ES EL FIN DE UN VIAJE,

DE UN HECHO,

DE UN SUEÑO.

ES EL FIN ESPERADO

AUNQUE ANTIPÁTICO.

MI CUERPO ES TERRIBLEMENTE PESADO,

AÚN HABIENDO PERDIDO DIEZ KILOGRAMOS,

MIS PIERNAS DÉBILES,

Y MIS PENSAMIENTOS CANSADOS.

HACIENDO GALA DE MI SUERTE INNATA,

CONOZCO A UN GRUPO DE SIMPÁTICOS MALLORQUINES

MÁS PERDIDOS QUE YO, SI CABE.

EN SU ODISEA

HASTA LLEGAR A FORMAR PARTE DEL CAMPO BASE

HAN ESTADO A PUNTO DE MORIR TRES VECES

Y DE PERDER LOS NERVIOS CUATRO.

SIN EQUIPAJE,

TIENDA, NI SACO,

SOBREVIVEN DEBIDO A LA CARIDAD DE LOS PRESENTES,

A BASE DE COMIDA, AGUA Y ALGÚN TRAPO.

JUGAMOS AL FÚTBOL EN UN DESCAMPADO,

Y A LA HONDA EN UN ONDULADO CAMPO.

ME HAGO CON UNOS CUANTOS SOMS

QUE ME ASEGUREN COMER ALGO

Y UNA BUENA POSE,

PARECIENDO QUE LO VALGO.

LOS NIÑOS SHERPA-MONGOLES

TRATAN DE CONVENCERME

DE QUE SE MERECEN UNA PARTE DE MI ESCASA FORTUNA,

YO ME NIEGO

MOSTRANDO MI DELGADEZ DESNUDA,

Y ALGÚN LADRIDO DESESPERADO.

LA LECHE DE YAK NO ME HA ENAMORADO

Y SUEÑO CON PIZZA HAWAIANA Y ALGO AZUCARADO.

LOS NIÑOS SON MALOS,

ME PERSIGUEN SIN REPARO,

TIRÁNDOME DE LA ROPA Y LLENANDOME DE BARRO.

CORRO,

QUE ES LO ÚNICO QUE NO SE ME HA OLVIDADO,

GALOPO COLINAS VERDES

Y TRATO DE ESCAPAR DE ESOS CONDENADOS;

GIRO UNA ROCA,

Y LES DEJO DE LADO.

DESPUÉS

SABOREO UN TERRÓN DE AZÚCAR

Y ME SIENTO AFORTUNADO.

UNOS DÍAS MÁS TARDE

UN BUEN PARÁSITO EN EL AGUA LATENTE

ME DEVOLVERÍA A MI HABITUAL ESTADO TUMBADO,

CON FIEBRES, DIARREAS Y MENTE AUSENTE.

MIS COMPAÑEROS ISLEÑOS,

AFORTUNADAMENTE,

COMPARTEN HORAS SIN SUEÑO,

DIARREAS,

LETRINAS, TÉ Y ALGUNA QUE OTRA POSTURA INDECENTE.

MONTAÑAS DE VALORES,

VALORES DE MONTAÑA.

LUCES Y SOMBRAS OCULTOS

TRAS CUBOS DE MIERDA HUMANA

REHOGADA EN DECEPCIONES.

LITROS DE MUGRE Y LITROS DE BELLA ARMONÍA,

SONRISAS EN ROSTROS SERIOS,

CASI FAMÉLICOS.

DESTRUCCIÓN INTERNA Y CREACIÓN EXTERNA

PLASMADA POR EL INTERIOR CON UN PROPÓSITO.

DE ESTA AMABLE MANERA ANDO,

VIAJO Y VUELO DE UN LUGAR A OTRO,

SIEMPRE PERDIDO Y SIEMPRE TIRANDO EN EL SUELO.

MI DIETA SE BASA EN ESTOS DÍAS,

EN AGUA DEL BAÑO DEL AEROPUERTO

Y DELICIAS TURCAS DE MUESTRA GRATUITA.

CON POCA VERGÜENZA,

Y MENOS GUITA,

RAPIÑO TODAS LAS POSIBLES,

EN UN BAILE PERFECTO Y SUCULENTO

HASTA QUE CONDIGUEN HECHARME DEL ESTABLECIMIENTO.

NO ME IMPORTA EN EXCESO

Y RECUPERO EL ÁNIMO Y EL SESO,

ESTOY EN TURQUÍA,

Y LA MUCHEDUMBRE MULTICULTURAL

ME ABSORBE AÚN DE DÍA.

A UN SÓLO VUELO DE MI REGRESO A LOS ALPES,

ESTUPEFACTO UNA VEZ MÁS

POR LAS DISTINCIONES DE CLASES,

DEJO VOLAR MI MENTE,

ENTRE LOS NIÑOS QUE VIAJAN A SUIZA

Y LOS QUE DEJO EN LIZA.

ESTOS CON I-PHONE,

GAFAS SIN CRISTALES Y POSE SUAVE,

Y AQUELLOS CON UN PALO POR TECNOLOGÍA,

UN REBAÑO POR HERMANO

Y UN YAK COMO REGALO.

AÚN CON EL SUAVE SABOR DE LA ÚLTIMA SANDÍA,

QUE PUDE COMPRAR CON LOS SOMS DE LA HONDA,

IGNORO LO QUE PUEDO A LA SUCESÍVA POLICÍA,

SEA LO QUE SEA LO QUE ESCONDO.

MI COMPAÑERO DE AVIÓN

SIEMPRE DEMASIADO PEGADO A MI BRAZO,

PREFIERE, SIN DUDA,

CERRAR LA VENTANA Y HACER CASO A SU I-PHONE.

LE ODIO TODO LO QUE PUEDO Y PIENSO,

QUE MÁS QUIERE ALGUIEN QUE PODER VOLAR,

Y PUDIENDO DESDE ALLÍ ARRIBA MIRAR,

IGNORA AQUEL SUEÑO HUMANO,

LAS NUBES , EL SUELO, EL CIELO,

LA TIERRA, LAS CIUDADES,

MUNDOS PEQUEÑOS EN SINTONÍA,

Y DESEA ESCUCHAR CUALQUIER MELODÍA,

O LA ÚLTIMA SERIE QUE SE HA BAJADO.

LUCES Y SOMBRAS

ESTRELLAS

BUSCAR Y ESPERAR,

ESPERAR QUE LA VIDA RESURJA DE LAS CENIZAS DEL LLORAR,

ESPERAR QUE DE LA LUZ QUE SALGA MAÑANA

SEA LA BUENA Y NO LA QUE HOY ME HIZO DESESPERAR.

GRITAR,

AHOGARSE EN UN CHARCO DE INSATISFACCIÓN

Y LUCHA EN VANO

POR ALGO QUE NUNCA VA A LLEGAR.

MIRAR AL SUELO Y DETRÁS DE CADA ESTRELLA PREGUNTAR,

VER SI ES AQUELLA DONDE ME PODRÉ SENTAR

Y DESCANSAR,

DE ESE SUFRIMIENTO QUE ME ATA

Y ME RETUERCE LAS PIERNAS

HACIA UN AGUJERO PROFUNDO Y NEGRO

QUE ME ESCUCHA JADEANTE GEMIR,

SACAR DE LOS INTESTINOS LA FUERZA

QUE SE NECESITA PARA LUCHAR,

UNA VEZ MÁS...

PARA SOÑAR,

CON IR HACIA ALLÁ ARRIBA

DONDE NO HABRÁ NADIE,

DONDE SÓLO ESTARÉ

Y DONDE NADIE ME VA A AGARRAR,

SÓLOS YO Y LAS PIEDRAS QUE VEN AL VIENTO

Y A LAS NUBES PASAR,

INQUIETAS PERO INMÓVILES.

ALLÍ EN ESE MUNDO SIN "MUNDO CONVENCIONAL",

EN ESA TIERRA DONDE NO EXISTE LA VIDA

Y NUNCA LA HABRÁ,

ES DONDE MÁS VIVO ME SIENTO,

FUERA DE NÚMEROS Y LETRAS,

DE MIRADAS ARROGANTES Y ASESINAS,

DE SOLLOZOS,

DE PENURIAS,

DE ESO QUE ALGUNOS QUIEREN LLAMAR "FELICIDAD".

CUANDO VIVEN EN UNA CÁRCEL INVISIBLE

QUE TE RETIENE PERO A LA VEZ SE OCULTA DE TÍ.

DE LA QUE NUNCA PODRÁS ESCAPAR.

SIN PARAR,

DETENERSE UN INSTANTE QUE YA NO LO ES

PORQUE SE MUEVE HACIA NINGÚN SITIO,

PORQUE NUNCA HUBO UN PRINCIPIO

Y TAMPOCO HABRÁ NUNCA UN FINAL.

EN ESE MUNDO MUERTO,

YERMO Y BALDÍO,

ES EN ESE MUNDO DONDE NO HAY NADA,

SÓLO VIENTO,

PIEDRAS Y CANTIDADES INTRAGABLES DE SOLEDAD,

DONDE EL CIELO

ES MÁS GRANDE DEL QUE NUNCA PODRÁS IMAGINAR,

DONDE CADA PASO ES UN MUNDO EN SI MISMO

Y UN NADA EN REALIDAD,

DONDE NADA TE PUEDE LLAMAR,

NI NADA TE QUERRÁ ESCUCHAR...

ES EN AQUEL MUNDO DE ALLÍ ARRIBA QUE NO ES NADA,

NI NADA TE NADA,

EN EL QUE NO PODRÁS QUEDARTE

Y UNA Y OTRA VEZ TENDRÁS QUE IR Y REGRESAR.

AQUEL MUNDO QUE NO TE VA A DAR NADA MÁS

QUE LO MÁS IMPORTANTE.,

TIEMPO PARA PENSAR.

CHARCO

DEL CHARCO INCAUTO,

DIMINUTO,

FRÍO,

VIEJO,

ESTRESADO, ESTIRADO COMO UN CHICLE

PERDIDO Y ENCONTRADO.

ESTRIADO, LOCO, HUNDIDO,

EMPAPADO ESCUÁLIDO,

PARAPLÉJICO Y REENCARNADO.

DEL CHARCO FEO

IMPROVISO TRAMAS

QUE TAPAS CON TUS SUAVES MANOS,

ESAS QUE TOCAN TODO

BAJANDO NUBES AÚN,

CON SUS ÁNGELES ATADOS.

ESCUPO TRABAJOS SIN TRABAJARLOS,

RANCIOS,

136

DESARMADOS.

SUEÑO CON CANCIONES,

CON SONIDOS APILADOS.

AULLANDO REJAS

APLASTANDO DUENDES ENCANTADOS.

ROMPO COSTRAS,

TACHO HERIDAS,

RASCO VENENOS

QUE AÚN NO ME HAN MATADO.

DESCIFRO TUS POEMAS

CON OJOS LLOROSOS Y DESGARRADOS,

SIENTO TACTOS DULCES Y CÁLIDOS,

TACTOS CON LO QUE HE SOÑADO

AÚN FRÍOS Y ALEJADOS,

CON SABOR A METAL,

CON DIOSES EN MINIATURA DE VERDAD,

QUE AÚN NO ME HAS DADO.

Y AQUÍ SIGO

SÓLO

TERCO Y DESOLADO,

ESPERANDO AQUELLOS QUE NO ME HAS REGALADO.

DULCINEA QUE AÚN VEO DESESPERADO

AMANTE DE VACÍOS ESCUDADOS,

EN TIERRA, EN VIENTO,

EN CIELOS DESPEJADOS

RASCO

CON LAS UÑAS LAS PAREDES

QUE SEPARAN TUS ALARGADAS SOMBRAS,

RASCO HASTA ROMPERME LOS DEDOS

HUNDIDOS, ENSANGRENTADOS

POR QUIZÁS VOLVERTE A VER A MI LADO.

QUIERO

QUIERO SENTIR,

QUIERO VOLAR,

QUIERO VOLVERTE LOCO,

QUIERO ESTRUJAR LA VIDA,

QUIERO VOLVER A REMAR,

EN EL MAR DEL AMOR,

QUIERO SOÑAR TODAS LAS NOCHES CON TU CALOR.

QUIERO ARROPARTE,

QUIERO ABRAZARTE,

QUIERO PASEAR POR LAS CALLES;

QUIERO BESARTE, QUIERO SER BESADO,

QUIERO VER TU SONRISA ACURRUCADA A MI LADO.

QUIERO VOLVER,

QUIERO MARCHAR,

QUIERO ESTAR LEJOS DE TÍ,

QUIERO ENCONTRAR, QUIERO TUS OJOS,

QUIERO UN SUEÑO,

QUIERO LA ALEGRÍA DE UNA LÁGRIMA AL VIENTO.

QUIERO TOCAR TU PIEL DE TERCIOPELO,

QUIERO ESCRIBIR, CON TU AMOR UN TE QUIERO,

QUIERO APLASTARME DE NUEVO POR DENTRO.

QUIERO ESPERAR,

DIBUJANDO TU CUERPO,

QUIERO RECORDARTE, CUANDO ESTÉS LEJOS,

QUIERO LLORAR,

PORQUE LLORANDO TE SIENTO,

QUIERO FUMAR LA VIDA, SENTADO EN TU RECUERDO.

QUIERO DORMIR CADA NOCHE MUY LENTO,

QUIERO MATAR

QUE MATANDO NO PIENSO,

QUIERO MORIR

PORQUE HOY SIN TÍ MUERO,

QUIERO QUERER,

Y QUERIENDOTE A TÍ, QUIERO.

Y SI EL AMOR NO FUERA MÁS QUE UN BESO.

Y SI UN PICOR DE OJOS FUERA UN CARICIA.

Y SI UN SILBIDO ES UN TE AMO.

Y SI UN CABELLO SINTIERA DOLOR.

DOLOR DE INVIERNO.

ESPERANZA

LAS PERSONAS ESTÁN INFINITAMENTE SOLAS,

MIRO PASAR PAREJAS, TRÍOS

Y DEMÁS AGRUPACIONES CON BRÍO;

Y YO ME PREGUNTO:

¿QUEDA AÚN EN EL MUNDO ALGUIEN SÓLO?

¿ES ACASO ÉSTE ÚNICO,

ENCERRADO, ALETERGADO,

CÓMICO O DESTERRADO?

LAS PERSONAS PARECEN TENER PRISA,

PARECEN POSEERLA,

NACEN SIN MIRAR,

POR SI ACASO LLEGAN TARDE

Y VIVEN SIN PENSAR

NO SEA QUE SE ME DESCARTE.

¿DÓNDE ESTÁ AQUEL LOCO QUE PASEA SÓLO,

MECIDO EN SUS ENSOÑACIONES

Y PERDIDO EN SUS ACCIONES?

HE DE SUPONER A ESTAS ALTURAS

DE MIS ABSURDAS PREOCUPACIONES,

QUE DEBEN LAS PERSONAS NACER EN PAREJAS,

INCAPAZ DE OBSERVAR OTRO TIPO DE ACTUACIONES.

CUIDADOSO YO,

EN MIS AFIRMACIONES,

ESTUDIO LOS SUSODICHOS GRUPOS,

AMÉN MIS ANOTACIONES.

SÓLO AQUELLOS DEBATIDOS

ENTRE LA CALVICIE Y LA ESPERANZA

PASEAN DUCHOS,

ACOMPAÑANDO GRÁCILMENTE AL OTRO SEXO.

LOS IMBERBES SUELEN POR EL CONTRARIO

ADOPTAR GRUPOS HOMOGÉNEOS,

FORMADOS, CASI COPIADOS,

POR SERES EXTRAORDINARIAMENTE PARECIDOS,

MOSTRANDO SIN DESCANSO

SU CONCEPCIÓN PROPIA DE GENIOS;

CUANDO EL GRUPO,

VESTIDO, PEINADO,

DE PIE O SENTADO,

ANDA EVIDENTEMENTE PERDIDO.

EN EL OTRO LADO

SE ALTERNAN PAREJAS,

POR LO OBSERVADO,

DE HOMBRES Y MUJERES AMPLIAMENTE ACICALADOS,

CON PELO AMPLIO Y AIREADO

O SOMBRERO ALADO,

OCULTANDO VERGÜENZAS AÑEJAS.

¿DÓNDE ESTÁN ENTONCES AQUELLOS JÓVENES

PENSATIVOS Y REVOLUCIONARIOS,

CON NEURONAS FRESCAS PARA HACER ESTRAGOS,

CON MANOS FUERTES

CON LAS QUE ENTERRAR PENSAMIENTOS VIEJOS

POR ELLOS MISMOS ASESINADOS?

YO QUIERO VER UNA SOMBRA

CAMINANDO HACIA LA LUNA,

RECORTADA AL HORIZONTE,

UNA SOLITARIA Y PURA,

QUE ME HAGA AMAR LO QUE LA NOCHE ESCONDE,

AQUEL ROSTRO OCULTO BRILLANTE DE ESPERANZA,

QUE CON EL AGUA CONVERSA

Y A LAS ESTRELLAS RESPONDE.

SILENCIO

SE HABLA,

SE GRITA,

SE ATACA,

SE MARCHITA.

SE LADRA A VOCES SE DELATA A GRITOS,

SE DUELEN PENSAMIENTOS ATROCES,

SE MATAN ESCRITOS.

¡CUIDADO!

SE TRAFICA CON LOS SENTIDOS,

SE ASESINA POR LA ESPALDA.

SE TRATAN DE FOLLAR LAS SIENES

SIEMPRE BIEN SUJETO EN EL BOLSILLO EL SANTO.

SALTOS

PASOS LENTOS,

ROCES PESADOS,

MANOS CURVAS,

CUELLOS QUEBRADOS,

OJOS CANSADOS,

PULSO ALTERADO,

CALCETINES ALTOS,

CUERPOS DESGASTADOS.

¡SILENCIO!

SE OYE DE ECO, AL ECO GRITAR.

¡SILENCIO!

ESCUPE EL AIRE

Y SUSURRAN LOS CRISTALES AL VIBRAR.

EL PROPIO SILENCIO SE ODIA,

EL PROPIO SILENCIO ESTÁ HARTO DE ÉL MISMO,

CANSADO DE MOVERSE SIEMPRE A OSCURAS

DE PUNTILLAS,

CANSADO DE ROMPER SIEMPRE A LLORAR

AL ESCUCHAR

EL MOVIMIENTO DE UNA PLUMA.

ROTO DE GRITOS SORDOS,

ROTO DE SU BLANCO REBOTAR

DE PUERTA EN PUERTA,

DE MENTE EN MENTE,

SIN NUNCA ENCONTRAR RESPUESTA.

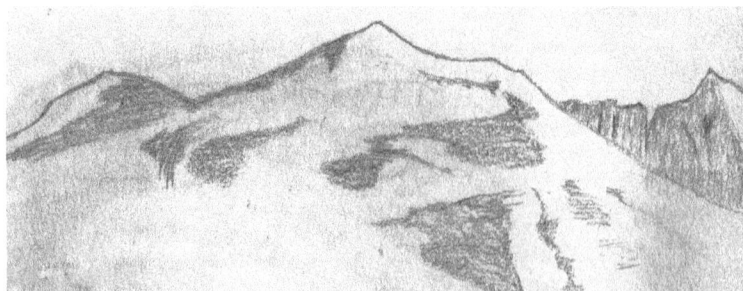

MUERTO DE ECOS,

PERDIDO DE DESTINOS,

EL SILENCIO MURIÓ DE ECO

Y EL ECO MATÓ AL SILENCIO.

CLAROSCURO DE FIEBRE VACÍA,

CONTRASTE DE LA NADA EN EL AIRE,

TRAZOS ENTRE LA LÍNEA DEL SONIDO

Y LA ESPERA,

ATAJOS CLANDESTINOS

ATADOS LOS DEBIDOS A EMPEZAR.

EL SILENCIO RETUMBA,

EL SILENCIO AHOGA RETUERCE Y CORROMPE.

LAS PERSONAS,

SIN TIEMPO PARA NO ESCUCHAR,

SIN PODER VIVIR SU PROPIA VIDA,

MÁS SENCILLO VIVIR LA DE LOS DEMÁS.

SIN TENER QUE HECHARLE HUEVOS,

SIN TENER QUE PARARSE Y PENSAR.

MOVERSE LENTO COMO UN JUGUETE AL VIENTO, CREÍDO,

DIRIGIDO,

IGNORANTE DE SU PROPIO DESTINO.

LUZ

PON LAS MANOS EN FORMA DE AMOR,

PON EL AMOR EN FORMA DE ADIÓS.

SENTIRÁS LA DISTANCIA ENTRE EL CORAZÓN Y EL ALMA,

VOLVERÁS LA MIRADA ATRÁS

Y SÓLO SABOREARÁS AIRE.

SENTIRÁS EL ABRAZAR DE LA SOLEDAD,

SERÉIS TRES,

TU, ELLA Y MI AMOR.

TU BOCA MASTICARÁ PALABRAS BELLAS,

HABLARÁ COLORES EN FORMA DE BESOS,

TUS LABIOS SE DEJARÁN VIOLAR EN SILENCIOS,

PERMITIRÁS A TU TACTO NACER DEL CORAZÓN,

SERÁS DOLOR, TERNURA, BESOS Y PASIÓN,

EN UN CUERPO DE MUJER.

MIEDO

MIENTO,

MIENTO COMO BOFETADAS,

MIENTO COMO ETERNAS PUÑALADAS,

PARADOJAS ESTILIZADAS,

ALADAS,

AIRADAS,

ESPERADAS,

MIENTO POR EL MIEDO

Y EL MIEDO,

AÚN NO SE HA DESMENTIDO CONMIGO,

NI CON ÉL MISMO.

SIN SINFONÍAS PUTREFACTAS,

SIN PERFECCIONES APUNTADAS

EN LIBRETAS CON CARÁTULAS DE PURPURÍNA,

CORAZONES ROJOS O CORAZONES ROTOS,

QUE SOSTIENEN AQUELLA PORTADA

DESMEDIDA Y ACARTONADA.

SON SÓLO SINFONÍAS,

149

SON SÓLO CORRERÍAS,

COMO HECHO

NO COMO POSIBILIDAD DE HACERLO.

ESTATE SEGURO

QUE EL TERRENO QUE PISAS EN EL MOMENTO,

TE PROPORCIONE ALIENTO

O TUS MALDITOS PIES ESTÉN DISPUESTOS,

POR UNA VEZ,

A SALIR HUYENDO.

X

QUIERO HACERTE,

QUIERO QUE ME HAGAS,

TODO LO QUE ESTÉ EN TUS MANOS,

NADA DE LO QUE PUEDAN TUS LABIOS.

QUIERO QUE ME HAGAS POLVO,

QUIERO HACERTE EL AMOR,

EN CUALQUIER PARTE,

CONTIGO,

Y DEJAR EN PUNTO SUSPENSIVO

ESTE REGLÓN...

MUSAS

VOY A LA DERIVA

Y ESTOY SEGURO QUE MI DESTINO ES EL FONDO,

EL FONDO ME MIRA,

EL FONDO ME ASUSTA,

ME MUERDE,

ME INVITA.

EL FONDO ES LUZ Y CON ÉL ME LLEVA,

EL FONDO ES

Y YO BUSCO SER.

EN EL FONDO

HAY UNA MUJER HERMOSA,

DESNUDA,

SIN DIENTES,

SIN PELO,

SIN ROPA,

SIN TICKET DE LA HORA,

SIN HIJOS,

SIN ROSAS,

SIN POSES NI ESPOSAS.

DESNUDA.

DESNUDA DE SENTIDO,

DESNUDA DE DESTINO,

CARENTE DE SUICIDIOS,

HIRIENTE,

SÓLA

RISUEÑA

Y TERRIBLEMENTE HERMOSA.

SU SONRISA QUIZÁS SEA OBRA DE UNA MUSA

O DE UNAS FINAS MANOS DE UN ARTISTA,

O DE UN ATARDECER EN EL MAR.

LOS OJOS VIDRIOSOS RESUENAN A FUEGO,

DEJAN PASAR LA MELANCOLÍA A TRAVÉS DEL VIENTO,

RESPIRAN CON VIVEZA EL MUNDO

CON SABOR A BREVE TIEMPO.

ODA A UNA MUJER SIN FIGURA;

SIN FEALDAD, SIN HERMOSURA.

ODA A SU OLOR, A SU AMOR,

ODA AL QUE LA HIZO SUYA.

YA NO HAY RASTRO DE ÁCIDAS LÁGRIMAS

EN SUS FINAS MEJILLAS,

YA SE SECARON, SIN DUDA,

DE SU PROPIA EMOCIÓN ENCENDIDA,

SU ILUSIÓN INTENSA,

SU VACÍO ESPERANZADOR SOBRE EL HOY MISMO,

SOBRE EL DOS NO ES NECESARIO,

SOBRE EL YO,

EL YO RESUCITADO.

¿QUÉ ES NIEVE?

¿SIGNIFICA ALGO ESTAR PERDIDO?

¿SIGINIFICA QUE VOY A MORIR APLASTADO

POR UNA NUBE BLANCA?

¿SIGNIFICA QUE LA NIEVE NO SEPA DULCE,

UNA FORMA DE TORTURA?

AH, YA ME ACUERDO.

SUPONIENDO QUE A VECES PARE DE NEVAR.

EL NIÑO JUEGO DESTARTALADO Y EXTASIADO CON ELLA.

LA MADRE CORRE TRAS DE ÉL,

SIN SABER QUE NO PODRÁ ALCANZARLE.

EL ABUELO DEJA PASAR LAS HORAS

MIRANDO POR LA VENTANA

Y ENROSCADO EN UNA SUAVE MANTA.

ME ESCONDO BAJO LA CAMA,

PRESA DEL MIEDO, SUCIO Y CERCANO AL DELIRIO.

EL BOLSO PEDÍA ESCURRIRSE

DE SUS HUESUDAS Y ENJOYADAS MANOS.

ELLA LO SOSTENÍA

CON UNA INMENSA SOBERBIA Y ELEGANCIA,

ATEMORIZANTE PARA LOS PLEBEYOS COMO YO.

SABÍA QUE LE MIRABA FIJAMENTE ASUSTADO

Y PARECÍA REGODEARSE SIN FIN,

SOBRE MIS OJOS SANGRIENTOS,

BAJO SU CARAMELIZADO HALO DE ARISTÓCRATA.

ME RODEAN Y CREO QUE VIENEN A POR MÍ.

LLENOS DE CIGARRILLOS,

IPHONES, BOCADILLOS

Y SUCULENTOS PASTELES HUMEANTES.

TODAVÍA

LOS RESTOS DE ESPUMA DEL ÚLTIMO CAFÉ ENTRE SUS LABIOS

PARECEN DECIRME ALGO.

TRATAN DE APARTARME DE SU CAMINO.

CADA DÍA ENTIENDO MENOS COSAS,

SE SUPONE QUE AL REVÉS DEL CURSO NORMAL DE LOS AÑOS

Y EN EL CRECIMIENTO

SÓLO ESCUCHO GENTE,

AÚN CUANDO INTENTO DORMIR.

SUS CONVERSACIONES,

SUS DUDAS,

SUS PREOCUPACIONES

SOBRE DÓNDE GASTAR

LAS INMENSAS CANTIDADES DE MONEDAS

DE LAS QUE DISPONEN.

ME APIADO DE ELLOS,

AUNQUE NO TRATO DE QUE ME DEN UNA PARTE

DE TODAS SUS RIQUEZAS,

SÓLO INTENTO QUE LO GASTEN DONDE NO DEBEN.

EL SUCULENTO OLOR A PERRITOS CALIENTES

ME ATRAE COMO A UN ANIMAL EN CELO

UNA HEMBRA DISPUESTA.

MI HAMBRE Y VEINTE KILÓMETROS BAJO LA LLUVIA

SON LOS PRETEXTOS,

AUNQUE NO LAS CAUSAS.

CALADO HASTA LOS HUESOS,

SACO DE MI PEQUEÑA Y MOJADA MOCHILA

TODO EL ARSENAL DE SUPERVIVENCIA

EN LAS SALVAJES CIUDADES DEL QUE DISPONGO.

UN PANTALÓN, UNA CAMISETA

Y 10 EUROS EN MONEDAS.

ESPARCIENDO POR EL CLIMATIZADO,

ACOJEDOR Y ABARROTADO

SUELO DEL SUPERMERCADO

MIS PERTENENCIAS HÚMEDAS, OBSERVO

Y SUEÑO CON PASTELES, PIZZAS Y REFRESCOS

VARIOS, MIENTRAS ME DESNUDO

DE FORMA DELICADA SIN PUDOR NINGUNO

FRENTE A LOS COMPRADORES.

TRAS LA LLAMADA DE ATENCIÓN E INTENTO DE EXPULSIÓN

DEL ENVENENADO CENTRO,

COMPRO UN REFRESCO

DE MARCA BLANCA Y UN BOLLO ROSADO Y GRASIENTO

QUE ME MIRA DESEOSO Y AZUCARADO.

DEVORO AMBOS SIN MIRAMIENTOS

BAJO UN SUCIO Y FRÍO PORTAL, AUNQUE SECO.

DUERMO CONTRA LA PARED Y CUANDO DESPIERTO,

EL MUNDO SIGUE SIENDO PEQUEÑO.

M

ENTRE EL SONIDO Y EL HECHO,

ENTRE EL PERDERLO Y EL NO QUIERO,

NO PUEDO CAER,

NO, NO PUEDO,

NO ESTÁS,

TE HAS IDO Y ME MUERO,

BAJO CAUCES DE MIS PROPIOS DELIRIOS

SURCADOS EN MIS ADENTROS.

TE HAS IDO

Y EL SOL QUE SALE POR DETRÁS DE LAS MONTAÑAS,

LLORA MIENTRAS DA SILUETA A TUS RECUERDOS,

A TU SABOR, A TU ADIÓS, A TU AMOR.

NO QUIEREN MÁS LAS NUBES,

DIBUJAR TU NOMBRE CON SUS LETRAS DE AGUA.

SE APRIETA UNA MONTAÑA Y LA SIGUIENTE

PARA NO PERDER

EL CALOR QUE DEJÓ TU MIRADA,

EN CADA ÁRBOL, EN CADA PIEDRA,

EN MI SER.

ARANDA O EL FIN DEL MUNDO

ME DUELE LA NARIZ. SI. ME DUELE.

NO CONOCÍA LA POSIBILIDAD DEL DOLOR EN ESTA PARTE DEL
[CUERPO.
AHORA SÍ.

NO COMO EL DOLOR DE LA PIEL QUEMADA POR EL SOL, NO.

NO COMO EL DOLOR DE LA PIEL PELADA POR EL PAÑUELO AL
SONARTE LOS MOCOS, TAMPOCO.

ME DUELE LA NARIZ. SI. ME DUELE, PERO POR DENTRO.

ME DUELE EL CEREBRO.

MALDITA PINTURA. MALDITO EL COLOR AZUL.

MI CABEZA SUENA COMO UNA LATA DE PINTURA,

PERO SIN TAPA.

LAS PAREDES ESTÁN MAL PINTADAS Y MI ROPA

PERFECTAMENTE SUCIA.

ME APUNTO UN TANTO.

VAGO POR LAS CALLES COMO UN VAGO.

NO TENGO NADA MUY CLARO. COMO PIPAS.

DE LA BIBLIOTECA A LA COCHERA Y VUELTA.

ME ORDEÑO UN POCO MÁS EL CEREBRO EN POEMAS QUE NO
[ENTIENDO.
NO TENGO MUCHO QUE CONTAR.

COMO MUCHO Y ENGORDO UN POCO.

ME APUNTO OTRO TANTO.

OIGO EN LA RADIO A UN POBRE DIABLO QUE ENVÍA UN TUIT,

"CON LAS MANOS AL VOLANTE",

EL LOCUTOR NO PARA A PENSAR QUE SÍ,

EFECTIVAMENTE ESTABA CONDUCIENDO

CUANDO LE ENVIABA EL ESTÚPIDO TUIT.

COMO NO ENTIENDO NADA CORRO.

CORRO Y ENCUENTRO UN HOMBRE QUE GIRA COMO UNA PEONZA,

COMO SOBRE UN BUÑUELO MUY BLANDO,

PARECE QUERER CRUZAR LA CALLE

PERO CUANDO ALGÚN CONDUCTOR AMABLE

LE CEDE EL PASO,

ÉL,

SE ENFADA Y LE HACE UNA TOSCA SEÑAL CON EL BRAZO.

OJALÁ NO CRUCE NUNCA.

ÍDOLO.

REBELDÍA ABSOLUTA.

CORRO MIENTRAS PIENSO,

O PIENSO MIENTRAS CORRO

EN UN ASTRONAUTA COW-BOY,

O EN UN TORERO ASTRONAUTA.

HE VUELTO A ARANDA POR TERCERA VEZ ESTE OTOÑO,

RARAMENTE,

DESPUÉS DE TRES MESES SIN PISAR UN ABSURDO LADRILLO.

VIVO AQUÍ Y PASO TODOS MIS DÍAS EN EL PIRINEO,

AHORA, VIVO EN EL PIRINEO,

Y NO CONSIGO SALIR DE AQUÍ.

SALGO POR LAS NOCHES

Y ME DUELE LA GARGANTA POR LAS MAÑANAS.

NO BEBO POR EL SUCIO SABOR DEL ALCOHOL,

O POR MI FALTA GRAVE DE DINERO.

ME ENTRETENGO ESCRIBIENDO POEMAS

Y DEJÁNDOLOS EN LOS BANCOS Y EN EL SUELO.

SI ALGÚN DESAFORTUNADO ENCUENTRA ALGUNO,

AL MENOS TENDRÁ DÓNDE PEGAR EL CHICLE.

LAS HOJAS CAEN Y LAS FLORES MUEREN,

ME DEJO DAR ENVIDIA

POR TODOS LOS QUE ME ENVÍAN

FOTOS DE MONTAÑAS TERRIBLEMENTE BLANCAS,

ME ACUERDO DEL SEÑOR QUE SALIENDO DEL COCHE IMITABA LA

BERREA DE UN CIERVO EN ZURIZA,

EL NIÑO QUE SIN QUERER IMITABA A UNAS VACAS,

162

LA MÚSICA DE UNOS AMIGO EN ARGIBIELA,

O EL CHAVAL QUE ESTUVO MÁS DE 20 HORAS SEGUIDAS DENTRO DE

UN FORD FIESTA,

DURMIENDO Y COMIENDO, SIN CAMA.

LE DIMOS POR MUERTO.

NO ME QUEJO.

TENGO TIGRES PARA CENAR

Y RASCO SU CÁSCARA CON SÓLO LOS INCISIVOS,

MUY CALCULADO, MUY TÉCNICO, MUY PROFESIONAL,

COMO UN CONEJO PSICÓPATA MUY ELEGANTE.

NADA

FRASES QUE SABEN A NADA,

NADAS QUE SABEN A SALADO.

LETRAS MUEREN GIMIENDO ENTRE MIS MANOS,

RETORCIENDO SUS DELGADAS PATAS,

QUEBRANDO SUS SIGNIFICADOS.

ESCRIBO EN PENACHOS DE ROCA MOJADA

SUCUMBIENDO A LAS MASAS,

COMO SIRENAS AHOGADAS

EN MARES ALTAMENTE ENAMORADOS.

ESCRIBO SOBRE PEDAZOS DE MIERDA AIRADA,

HACIENDO ASPAVIENTOS

CON VIENTO DE CARA;

CABELLO MECIDO,

SUSURRANDO AL OÍDO,

QUE SOY ALGUIEN Y AL MISMO TIEMPO,

NO SOY NADA.

MI ALMA YA NO REVOLOTEA ENTRE NUEVOS,

EN UN PARPADEO MI DESUDEZ CAERÁ.

CAERÁ EN FORMA DE CADÁVER DE OJOS,

MORIR FORMA PARTE DE ESTE JUEGO MACABRO,

QUE YO MISMO, HE INVENTADO.

HAGO DE MIS MANTRAS MIS EXPOLSIVOS,

PARA DERRUMBARME POCO A POCO,

A VECES HOMBRE, A VECES, MUJER.

ENEMIGO DEL DESTINO,

AMANTE DEL BALAZO,

REPROCHES DE TARADO,

SUEÑOS REVOLOTEANDO ENTRE TUS DEDOS SOÑANDO,

HECHO UN OVILLO,

TRÁS DE MI SUICIDIO,

TRANSPALNTADO,

DE MI VUELO, HACIA EL SUELO.

MIS PROPIOS TROPIEZOS,

CON NUBES EN FORMA DE CENICEROS,

ME LO DIJERON, PERO SIGO SIN CREERLO.

OJOS BRILLANTES

QUE DEJAN LA PIEL DEL ALMA HECHA SUEÑOS,

OJOS DE LUZ QUE VUELAN,

OJOS DEL ALMA.

OJOS CON LUZ EN CLAROSCURO,

UN PESTAÑEO EN FORMA DE ALEGRÍA,

UN INSTANTE, UNA CERTEZA,

UNA MIRADA,

FRÍA, CALIENTE,

FIJA, ARDIENTE,

ACURRUCADA,

VULNERABLEMENTE PURA.

LLAMA INCANDESCENTE,

FUEGO EN EL CORAZÓN,

PASIÓN,

SUEÑO ÍNTIMO, PESADILLA HERMOSA,

CON CUERPO DE MIRADA.

OJOS QUE SURCAN EL VACÍO DEL MUNDO,

DEL SER, DE LAS MONTAÑAS,

OJOS QUE ESCRUTAN LA ESENCIA,

OJOS QUE CREAN DE LA NADA,

QUE DAN FORMA EN SUS PUPILAS, A LA ESPERANZA.

QUIERO QUE LA POESÍA ESCRIBA,

EL MIRAR DE TU MIRADA,

BUSCO QUE LA POESÍA DIGA,

LO QUE LOS BRAZOS TEMEN QUE HAGA,

ANHELO QUE LA POESÍA NAZCA

DE UN LAMENTO, UN SUEÑO,

DE UN PENSAMIENTO, UN DESEO,

DE UN SEGUNDO, UN RECUERDO,

DE UN RESCOLDO, TU DULCE GESTO,

DE UN GUIÑO, UN AMOR.

SON SÓLO ESTRELLAS, SON SÓLO TIERRA,

SON SÓLO CIELO CON EL CALOR DE LA PASIÓN.

SON SÓLO ILUSIÓN,

ENCERRADA EN CÁRCELES DE AIRE DULCE,

CON ALAS DE PÁJARO,

CON SUEÑOS DE TROVADOR,

CON FUEGO INTERNO,

CON INCIENSO DE TU SABOR.

SIN "ADIÓS",

SIN "NO PUEDO",

AMOR CURIOSO, TESTIGOS LLOROSOS,

LUZ, MIEDO,

PIENSO, SENTIMIENTO,

RAYOS SOMBREADOS DE FELICIDAD,

CURIOSIDAD ECLÉCTICA,

ESCUCHAN TUS PUPILAS FRASES DEL VIENTO,

RESPONDEN AL SOL, CON MIRADAS DE ABRAZAR EL CIELO,

DE BESAR LAS NUBES,

DE ACARICIAR LA TIERRA CON DEDOS DE DESEO,

CON UN "SÍ, HOY PUEDO".

UNA MIRADA PERDIDA,

UNA VERDAD COHIBIDA,

ADORNA CON SU CUERPO OTRO CUERPO,

FROTA CON SUS PUPILAS UN "ME MUERO",

UN "NO TE TENGO".

ERES FUEGO ERES RÍO,

ERES HIELO,

ERES EL ONDEAR DE UNA OLA EN UN GRAN SUEÑO.

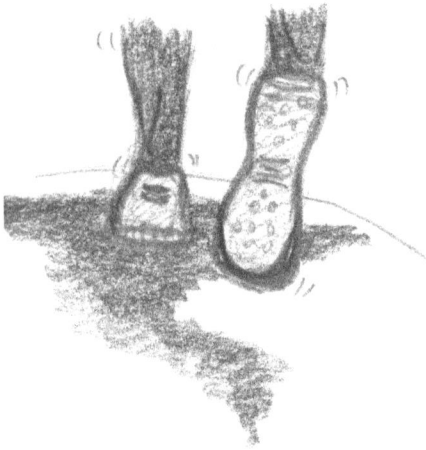

EN MI VIDA DE POETA Y MANTA,

LEJOS DE MI FARSA, DE MI CORAZA,

DE MI SENTIR DE CANALLA,

DE MI SILLA DE PESTAÑAS,

DE MI CARTA ARDIENDO ENTRE MIS ENTREÑAS,

DE LAS OXIDADAS PUERTAS DE MI ALMA,

DE LAS ESPALDAS APOYADAS SOBRE MI ESPALDA,

DE MIS HUESOS CON TACTO A POLVO,

DE MIS PIES CON DOLOR DE MONTAÑAS.

SONRÍES.

SONRÍES PORQUE DE TODOS LOS OJOS

QUE VUELAN ENTRE MIS PASOS,

DE LOS ROSTROS QUE ECLIPSAN MI PROPIA MIRADA,

DE MIS SUEÑOS CON MIS LABIOS SOÑANDO BESOS,

SER LO QUE NADA CREÍ Y LO QUE NADA LLEVA,

TU CENIZA,

ES LA QUE EL TRAYECTO DE MIS PENAS LLEVA.

ESPERARÉ UNA NOCHE MÁS

ENGENDRAR UN NUEVO TU Y YO ENTRE MIS MANTAS,

169

PARA ILUMINAR CON DULCES SOPLOS,

QUE MAÑANA AL DESPERTAR EL SOL,

SEAMOS DOS,

SOPLANDO AL MISMO TIEMPO,

Y EL MUNDO ENTRE NOSOTROS, SEA UN LUGAR PEQUEÑO.

EL TRASTERO DE LOS CUENTOS:

55 LUNAS

PAISAJE COMO ENSEÑANZA,

IDAS Y VENIDAS CON PUNTO FIJO EN NINGÚN SITIO,

EN EL AIRE Y SIN FIJAR LA POESÍA DEL DESCUBRIMIENTO,

DE LOS PASOS ACELERADOS.

SUBIR MONTAÑAS UNA Y OTRA VEZ,

RECORDAR ESA HISTORIA DE AMOR DESDE SIEMPRE,

QUIZÁS ANTERIOR A MI PROPIA VIDA.

ENSEÑANZA OCULTA EN EL FINO RESPIRAR

A MÁS DE 6000M DE ALTURA,

EN EL RESQUEBRAJARSE DEL HIELO POR LOS CRAMPONES,

EN LA ROCA FRÍA DE LAS CIMAS.

BOSQUES, LLUVIA INFINITA,

VIENTO; NATURALEZA FUERTE Y SINCERA,

NATURALEZA DE LAS MONTAÑAS,

ESENCIA INTENSA Y ENAMORADA.

Y LUNAS, POCAS LUNAS,

55 NOCHES BAJO EL CIELO ROJO,

BAJO EL CIELO OSCURO,

ESPERÁNDOLA.

55 NOCHES SIN UN TECHO,

SIN UN ASIENTO, SIN UNA CAMA...

PERO SOBRE TODO 55 NOCHES SIN ELLA,

SIN LUNA;

PERDIDA EN EL ABISMO DEL COSMOS,

DEL INFINITO

Y LOS CORAZONES TRISTES.

ES DESDE AHÍ,

DESDE EL CORAZÓN,

DONDE NACE LA PUREZA,

LAS GANAS DE DESCUBRIR,

SALIR,

PERDERSE Y ENCONTRARSE A UNO EN ESA PÉRDIDA.

UNA PÉRDIDA SIEMPRE SERÁ UN ENCUENTRO.

GENTES, ROSTROS,

KILÓMETROS Y KILÓMETROS,

CIMAS, NUBES, NIEVES,

GLACIARES, ARISTAS, MIEDO, RAYOS...

174

SENCILLAMENTE VIDA.

SENCILLAMENTE CORRER POR MONTAÑA

COMO PASAPORTE AL INFINITO.

DESDE AQUELLAS MONTAÑAS ESCONDIDAS,

SOLITARIAS

Y AJENAS A TODO;

AQUELLAS QUE NO POSEEN NOMBRE

Y NO QUISE PONÉRSELO.

MONTAÑAS ROMÁNTICAS

DE LAS CUALES NO HACE FALTA SABER NOMBRES,

SOLO CONOCERLAS A ELLAS.

PENSAMIENTOS

PERO ENTONCES ¿QUÉ ES CORRER?

¿POR QUE NOS OBCECAMOS EN MOVERNOS RÁPIDOS,

EN QUERER LLEGAR ANTES O MÁS LEJOS?

¿POR QUE NECESITAMOS DE ESE MOVIMIENTO

RÍTMICO PERO ENTRECORTADO;

AGÓNICO,

PERO PLACENTERO,

COTIDIANO PERO SALVAJE?

¿QUE ES LO QUE HACE CORRER DIFERENTE

AL RESTO DE MOVIMIENTOS?

¿O ES QUE LOS DEMÁS MOVIMIENTOS

SON MÁS ESPECIALES QUE CORRER?

¿CUÁL ES LA PURA ESENCIA

DE ESTE TOSCO SIGNIFICADO?

¿ES ACASO EL PASO

MEDIO ENTRE ANDAR,

COMO TODOS LOS HUMANOS

176

Y VOLAR

COMO LOS PÁJAROS?

¿ES POR ESO

QUE CORREMOS?

¿PARA SENTIRNOS MENOS HUMANOS?

¿MÁS ÚNICOS?

¿MÁS EGOÍSTAS?

¿ES POR ESTO

POR LO QUE SUBIMOS MONTAÑAS CORRIENDO?

¿POR INCLINAR LA BALANZA HACIA EL AIRE,

HACIA EL CIELO,

EN VEZ DE HACIA EL CAMINO,

YA HECHO?

¿NO ES ESTO SALIRSE DE LAS REGLAS?

¿NO ES ESTO ELEGIR POR UNO MISMO?

¿NO ES ESTO DEJAR VOLAR EL CUERPO POR LA GEOGRAFÍA

SIN MÁS PREMISA

QUE LA DE SER LIBRE?

¿NO BUSCAMOS LLEVAR

A LA MENTE A UN ESTADO DE LIBERTAD

TAN BRUSCA Y SALVAJE QUE NOS ASUSTE?

¿Y SI NOS AHOGARAMOS DE LIBERTAD?

¿SON LAS LUCES DEL VALLE LAS QUE SE ALEJAN?

¿O NOS ALEJAMOS NOSOTROS?

¿SÓMOS MÁS DEL VALLE O DE LAS CIMAS,

CUANDO NOS SENTAMOS SOLOS

EN UNA CUMBRE AFILADA Y SOLITARIA?

¿POR QUÉ ELEGIMOS SER VULNERABLES

PUDIENDO SER PODEROSOS?

¿PUDIENDO SER CASI INVENCIBLES,

ENTRE LOS DEDOS DE NUESTRA SOCIEDAD

DE CADENAS INVISIBLES,

BURBUJAS Y SUELOS BRILLANTES?

¿POR QUÉ DECIDIMOS ESCURRIRNOS

POR ENTRE ESOS DEDOS QUE NOS ACOGEN

COMO UNA MADRE?

¿POR QUÉ SALIMOS CORRIENDO HACIA NINGÚN SITIO

UN DÍA TRAS OTRO BAJO LA LLUVIA SIN RAZÓN?

¿ACASO SOMOS ESTÚPIDOS?

¿O LOS ESTÚPIDOS SON EL RESTO?

CORRER NO ES LA RESPUESTA A NINGUNA PREGUNTA.

CORRER ES LA PREGUNTA EN SÍ MISMA.

Y SON LAS PREGUNTAS LAS QUE MUEVEN EL ALMA.

NO LAS RESPUESTAS.

178

CORRER TE AISLA FORZOSAMENTE CON TU INTERIOR,

TE APLASTA CONTRA LA REALIDAD

ESCUPIÉNDOTE VERDADES

CUANDO TODO LO QUE GIRA A TU ALREDEDOR ES MENTIRA.

Y SÓLO EN ESE AISLAMIENTO,

EN ESE TÚ A TÚ CONTIGO MISMO

ES DONDE PUEDES HACERTE LAS PREGUNTAS

QUE NO TE HACES.

ES DONDE PUEDES ESCAPAR HACIA LAS MONTAÑAS

MÁS ALTAS QUE ENCUENTRES CON LA MIRADA,

SÓLO TU Y ELLAS,

SÓLO PARA MOVERTE,

SÓLO PARA PENSAR.

PARA PREGUNTARTE TODO Y QUIZÁS

SIN QUERER NINGUNA RESPUESTA.

CORRER ES EL MEDIO

DONDE PONER LA BALANZA CON LOS DOS EXTREMOS

DE ESTUPIDEZ LLENOS:

LA DE LAS MONTAÑAS

Y LA DE LA SOCIEDAD.

LA ESTUPIDEZ DE LAS CIMAS

SÓLO SUPERADA POR LA ESTUPIDEZ DE LOS VALLES.

DEL ARTE

"Cuando el deporte mate al arte
y los números acaben con las ideas y la creación"
John Redhead

MI OBJETIVO NO ES SER CADA VEZ MÁS RÁPIDO

O RESISTENTE,

MI OBJETIVO NO ES NINGUNO,

NO EXISTE.

EL VERDADERO INTERÉS RESIDE EN LA DERIVA,

LA DERIVA ES BELLA

Y EN ELLA

ESTÁ EL DESCUBRIMIENTO.

LA VIDA ES UN VIAJE,

NO UNA CARRERA.

CORRER POR MONTAÑA:

COMO SU PROPIO NOMBRE INDICA

CONSTA DE DOS PARTES.

MONTAÑAS Y CORRER.

SIMPLE. CATEGÓRICO.

PARA CORRER POR LAS MONTAÑAS

ÉSTA ACTIVIDAD

DEBE ALBERGAR DE UN COMPONENTE ATLÉTICO.

PARA QUE ESTO SUCEDA,

EL MOVIMIENTO DEBE SER CONTINUADO Y RÁPIDO,

CON LO QUE SE HACE NECESARIO

UN EQUIPO MUY LIGERO

Y UNA ALTITUD NO LIMITANTE.

ES UN VIAJE EN SOLITARIO POR LAS MONTAÑAS,

INTENTANDO NO SOLO REALIZAR

UN DETERMINADO NÚMERO DE ASCENSIONES,

SINO, QUE TRATA DE SABER

SI EL SER HUMANO PUEDE MOVERSE MÁS RÁPIDO

ALLÍ ARRIBA Y CUÁNTO.

ES ALGO QUE TRASCIENDE LO MERAMENTE TERRENAL,

QUIZÁS TRASCIENDA AL ENTENDIMIENTO BÁSICO.

NO ES MÁS QUE PROBAR LOS LÍMITES HUMANOS,

POR UNO MISMO.

ES HISTORIA.

PAMIR

SÓLO EL SENTIDO DEL CUERPO EN EL AIRE,

BALANCEÁNDOSE CUIDADOSAMENTE EN EL ESPACIO

COMO UNA HOJA FLOTANDO EN EL AGUA,

LÍVIDA,

LIGERA,

EXTREMADAMENTE DELICADA,

SENSIBLE Y VULNERABLE.

EL MOVIMIENTO DEL SER SOBRE LA TIERRA

Y CON EL MUNDO,

GIRANDO INFINITO

Y EL CUERPO GIRANDO A SU LADO CONTRARIO.

EL ALMA SE FUNDE CON EL AIRE CARGADO DE VIDA,

DE VIENTO,

NUBES BLANCAS

Y ESPERANZA.

ES AHÍ

DONDE BUSCARSE UN DÍA Y OTRO,

UNIRSE EN CADA PISADA CON EL SUELO,

184

CON LA HIERBA,

CON EL FRESCOR DE LOS ÁRBOLES

Y EL HIELO DE LAS MONTAÑAS.

EL MOMENTO ES SIMPLE Y ÚNICO,

UNA LINEA DELGADA ENTRE EL SER Y EL HECHO;

HACER DE ESTA LÍNEA ALGO INVISIBLE

ES LA ÚLTIMA ASPIRACIÓN.

UN PASO TRAS OTRO HACIA CUALQUIER DIRECCIÓN,

SIN RUMBO,

SÓLO CORRER HACIA EL HORIZONTE Y UNA VEZ ALLÍ SEGUIR;

PARA VER QUE NADA EXISTE,

PARA QUE UN TROZO DE LA PERSONA QUE ERAS

SE ROMPA EN PEDAZOS

Y TE ENCUENTRES SÓLO,

EN UN MUNDO QUE NO EXISTÍA

PERO QUE ESTÁ BAJO TUS PIES,

REFLEJADO EN TUS OJOS ASUSTADOS;

DESPROTEGIDO FRENTE A LA SENSIBILIDAD,

SIN SUPERSTICIONES NI DOGMAS.

SIMPLEMENTE ESTAR, SIMPLEMENTE FLUIR.

BUSCAR SIN ENCONTRAR NADA,

CORRER SI LLEGAR A NINGÚN SITIO,

MOVERSE POR LA PUREZA DE SENTIRNOS

PARTE DE ALGO INFINITAMENTE MÁS GRANDE Y FUERTE,

QUE NOS DEJA RECORRERLO EN ESTE INSTANTE.

CORRER POR LAS MONTAÑAS

COMO ÚNICO PRETEXTO Y AMBICIÓN,

SÓLO CORRER,

SÓLO MOVERSE,

SÓLO DISFRUTAR DE NOSOTROS MISMOS

Y DEL MOMENTO.

POR SIMPLEMENTE VIVIR.

SOMOS PÁJAROS QUE VUELAN CADA VEZ MÁS ALTO,

ESCLAVOS DEL AIRE,

QUE SE DEBATEN ENTRE LA SOLEDAD Y LA LIBERTAD.

LA ESENCIA Y LA VEHEMENCIA,

EL MOVIMIENTO MÁS PURO Y ÁGIL,

RÁPIDO Y ATRAYENTE.

ELECCIÓN DE CÓMO DESPLAZARSE CON Y POR EL MUNDO,

FORMA DE DESPRENDERSE DE LAS COSAS VANALES,

DEL PESO QUE CARGAMOS,

DESHACIÉNDONOS DE TODO,

TOMANDO DECISIONES,

ROMPIENDO REGLAS.

Y LAS MONTAÑAS SON EL MEDIO PARA HACERLO.

ELLAS SON LA FORMA MÁS TREMENDA

EN LA QUE LA NATURALEZA SE ABRE PASO,

TAN GRANDES,

EMERGEN APUNTANDO AL CIELO,

RASGANDO LAS NUBES

E INVITÁNDOTE A TOCARLAS,

AÚN SABIENDO QUE QUIZÁS SI LO HACES

NO VUELVAS NUNCA.

UNA MONTAÑA ES UNA TRANSCENDENDIA,

UN OBSTÁCULO,

UN EFECTO.

NUNCA MORIRÁ LA MOTIVACIÓN INFINITA,

EL CORRER EN SÍ,

EL CORRER PARA SÍ,

EL CORRER POR AMOR,

EL CORRER COMO FÍN EN SÍ MISMO.

SIN EMBARGO MORIRÁ,

LA FINITUD,

EL CORRER SIN AMOR,

EL CORRER COMO MEDIO.

CORRER POR ARTE,

CORRER ES ARTE.

ES UN VIAJE DE EN SOLITARIO.

LAS MONTAÑAS SON ARTE EN SÍ MISMO.

EN SU NATURALEZA.

CORRER ES UN ARTE Y COMO TAL

DEBE DE DARSE UNA DIALÉCTICA CLARA

ENTRE EL ARTISTA Y SU CREACIÓN.

SIN ARTIFICIOS, SIN NÚMEROS,

SIN EGO.

SÓLO CON LOS OJOS Y EL ALMA BIEN ABIERTOS

PARA EXPERIMENTAR, PARA CONTAR HISTORIAS,

PARA PLASMAR LA ESENCIA EN EL MOMENTO

A TRAVÉS DEL MOVIMIENTO.

DESTRUCCIÓN INTERNA Y CREACIÓN EXTERNA

PLASMADA POR EL INTERIOR CON UN PROPÓSITO.

LO QUE CREAMOS Y LO QUE CREEMOS

ES LO QUE SOMOS

Y COMO TAL CADA VEZ QUE DIBUJAMOS UNA LÍNEA,

UNA TRAZA POR LAS MONTAÑAS

ESTAMOS PLASMÁNDONOS,

EXPRESÁNDO QUE SÓMOS,

MOVIÉNDONOS RÁPIDO POR EL MUNDO.

CON SÓLO UN PAR DE ZAPATILLAS

CON LAS QUE CREAR ALGO INTENSO,

CON LAS QUE SALIR AHÍ AFUERA

Y SER PARTE DE LA NATURALEZA.

SOY UNA PERSONA,

SOY ALGUIEN,

SOY ALGO.

SOY YO QUIEN DECIDO, SOY YO QUIEN PIENSA,

QUIEN SIENTE Y QUIEN ACTÚA.

NO NACIMOS PARA GANAR,

NACIMOS PARA SER LIBRES.

189

QUIZÁS VAGAR POR EL MUNDO

NO SIGNIFIQUE ESTAR PERDIDO.

Este libro relata la preparación, el después y el durante de un viaje en solitario a las montañas del Pamir (Kirguizistán), donde se ascendieron 14 montañas entre 3200m y 5800m, así como un 6000 virgen en seis horas desde el campo base. Aunque ésto quizás, sea lo menos importante.

- Sobre el autor-

Héctor Sanmiguel Vallelado
(Aranda de Duero, 1993)
Ha acumulado similar
cantidad de fracasos y
desórdenes mentales
propios de una infancia
demasiado desligada de la
sociedad. Entre algunas de
sus virtudes están hacer
pompas de jabón, moverse
sigiloso entre la multitud y
tratar de subir altas piedras.

@h_sanmiguel

Don't read this, just RUN

www.ingramcontent.com/pod-product-compliance
Lightning Source LLC
LaVergne TN
LVHW051630080426

835511LV00016B/2273